从教室到教研

基于核心素养的课堂教学实践

吴菊梅 ◎ 主编

穿行在教室与教研之间
穿行在数学与学子之间
穿行在现实的耕耘与理想的憧憬之间

中国国际广播出版社

图书在版编目（CIP）数据

从教室到教研：基于核心素养的课堂教学实践 / 吴菊梅主编 . ——北京：中国国际广播出版社，2023.1
ISBN 978-7-5078-5279-0

Ⅰ . ① 从 ⋯ Ⅱ . ① 吴 ⋯ Ⅲ . ① 课堂教学 — 教学研究 — 文集
Ⅳ . ① G424.21-53

中国版本图书馆 CIP 数据核字（2022）第 243593 号

从教室到教研：基于核心素养的课堂教学实践

主　　编	吴菊梅
责任编辑	屈明飞
校　　对	吴光利
装帧设计	有　森

出版发行	中国国际广播出版社有限公司 ［010-89508207（传真）］
社　　址	北京市丰台区榴乡路 88 号石榴中心 2 号楼 1701
	邮编：100079
印　　刷	廊坊市海涛印刷有限公司

开　　本	710×1000　1/16
字　　数	155 千字
印　　张	10.5
版　　次	2023 年 1 月　北京第一版
印　　次	2023 年 1 月　第一次印刷
定　　价	48.00 元

编辑委员会

序

罗增儒教授曾言：根据教师对教学的认识与理解，可将教师从高到低分成三种境界，每个境界又可分出两个层次。具体表现为：

第一境界是经验型教师：教师熟悉教学规范，掌握共性化的教学。第一境界又分为：第一层次，从不会教到能教（初师）；第二层次，从能教到会教（知师）。

第二境界是技术型教师：驾驭教学规范，产生个性化的教学。第二境界又分为：第一层次，从教知识到教方法（明师）；第二层次，从胜任教学到高效教学（能师）。

第三境界是研究型教师：超越教学规范，创造智慧性的教学。第三境界又分为：第一层次，既教书又育人（良师）；第二层次，从教以来的智慧到爱的艺术（大师或教育家）。

参照这个标准，我及工作室研修员们的境界最多处于技术型教师的初级阶段（第一层次）。每一位教师有种成为良师的冲动，成为一位既教书又育人的研究型教师，所以更想带领工作室的小伙伴们一起实现质的超越。

作为一名普通的教师，我们的主场在教室，我们在教室里传道授业，解学子之难，传递着精神文明的薪火，在教学实践的同时我们坚持思考如何理解数学，如何让他人理解数学；如何发现数学之美，如何用数学之美来感召他人；如何揭示和发挥数学的功能，从而实现发展和完善人的终极目标。

由此本书基于理解数学、理解教学、理解技术这三个维度，以实证的方式探讨课堂教学的有效性问题。从形式上看，既有新授课，也有复习课；从内容上看，既有章节复习也有专题复习；从实践方式上看，既有模型构建的拓展应用，也有涉及教学技术应用的理性思考；而从教学方式上看，则主要从教师的启发引导走向学生的自主提问、合作交流，再到学生质疑、教师点拨。上述变化，既折射出教师对课程改革、课堂变革下教学方式转变的理念认同，也促使教师对数学内容理解、学生核心素养培养等问题的深层次思考。

上述种种，作为一名教师能从教室中的实践到静心反思教学并形成自己的一点研究心得，也就等价于星空与实地。仰望星空，脚踏实地。穿行在教室与教研之间，穿行在数学与学子之间，穿行在现实的耕耘与理想的憧憬之间。这，就是我们——数学教师的幸福生活。于是谨以"从教室到教研"为本书书名。

由于时间仓促和水平有限，书中不当之处在所难免，真心希望大家在使用的过程中提出宝贵建议，以便我们修订完善。书中绝大部分参考资料已在书后列出，还有一些暂时未查到具体作者，请知道相关信息的读者和我们联系。

衷心感谢在本书编写过程中所有给予大力支持的教育工作者。

吴菊梅

2022 年 6 月 1 日

目 录 | CONTENTS

第一章

课堂教学——理解教学

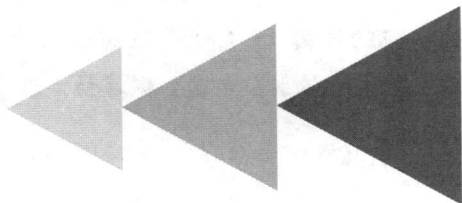

课堂教学包括教师讲解、学生问答、教学活动等过程，课堂教学的质量影响着学生的全面发展和个性发展，进一步提高初中数学课堂教学有效性是全面贯彻和深入推进初中数学课程改革的关键点和突破口。

课堂由师与生组成，通过师生的双向交流，实现知识的传递与再生。课堂是师与生相互沟通的主窗口，是新课标的贯彻落脚点，是"双减"的实践主战场。课堂教学的效能大小，决定了学生的知识收获量，直接影响了课程的教学实效。如何更有效进行课堂教学，本章从"核心素养"出发，以"学生立场"为本，携"关键方法"突破。让学生经历"概念教学""几何探究""深度学习"，在"趣味教学""互动教学"中进行"课堂实践"，学着使用"几何画板"，学着进行"数学建模"，徜徉在教师"优化教学"后的"探究活动"中。

本章结合初中数学课堂教学的实际，对初中数学课堂教学的理解进行探讨和分析，为今后相关内容的研究提供理论支持，从而形成提高初中数学课堂教学效率的策略体系，丰富、完善初中数学课堂教学理论。

概念教学：从形成到深化

诸暨市店口镇湄池初中　杨姣姣

数学是一门具有基础性、普遍性的学科，在数学教学中，除了让学生习得基础知识、基本技能之外，更应该帮助学生培养理性的科学精神，促进核心素养的发展，提高适应社会的关键能力。在初中数学中，我们会碰到较多的概念教学，如有理数、绝对值、平方根、立方根、函数等。在概念教学的过程中，我们应该让学生经历概念的形成与深化的过程，从而更好地理解概念的特点，能准确地辨析概念，掌握研究一个新概念的基本方法以便于今后新内容的学习，同时渗透一些数学思想方法，培养学生的综合素养。笔者将以浙教版七年级上册"4.2 代数式"[1]为例，分享概念教学中的一些思考和理解。

一、对"代数式"一课的教学分析

本节课是七年级上册第四章代数式的第二节内容。在本章之前学生主要学习的是实数的基本概念和运算，而在这一章学习范围进行了数到式的拓展，因此本章内容的重要性不言而喻，尤其是本节课代数式是整个领域的开篇。在本节课前学生已经学习了用字母表示数，已有了初步的符号意识，而在本节内容的教学过程中我们要继续培养学生的符号意识，让学生有意识地用代数式去表示一些基本的数量关系，理解代数式的普遍意义。在研究教材的基

---

[1]　义务教育教科书. 数学（七年级上册）[M]. 杭州：浙江教育出版社，2012.

础上，有以下几点思考。

（一）教学目标

通过本节课的教学，让学生知道代数式的概念，理解算式和代数式的区别；能用代数式表达具体情境中的数量关系，亦能理解一个代数式所表达的含义，即数学文字语言与符号语言的相互转换；让学生经历概念的归纳、形成、深化过程，感受从特殊到一般的研究方法，理解符号的意义与作用，培养符号意识。

（二）教学重、难点

教学重点：代数式的概念和列代数式。

教学难点：用代数式表示复杂情境中的数量关系以及理解一个代数式所表示的含义。

二、教学过程

（一）呈现对比情境，引出概念

师：同学们，前面我们已经接触了利用字母来表示数和数量关系，今天我们要继续研究这方面的内容。在生活中，我们会遇到这样的情境：

情境一：1. 大米的单价为 5 元 /kg，食油的单价为 8 元 /kg，买 10kg 大米、2kg 食油共需_____元（只需列出算式）。

生 1：$5 \times 10 + 8 \times 2$

师（追问）：若大米的单价改为 a 元 /kg，食油单价为 b 元 /kg 呢?

2. 大米的单价为 a 元 /kg，食油的单价为 b 元 /kg，买 10kg 大米、2kg 食油共需_____元（只需列出算式）。

生 1：$10a + 2b$

师：非常好，当字母和数字相乘时，数字在前，可以省略乘号，如果能给这个式子加上括号就更好了。那这里的字母代表什么呢？具体的数值呢？

生1：这里的字母 a，b 分别代表大米和食油的单价，具体的数值是不确定的，可以是很多的数值，比如5啊，10啊，合理的都是可以的。

师：是的，考虑到这里的情境我们讲 a，b 应该是正数，这就是我们上节课所讲到的用字母来表示数，所以这个式子可以简明地、具有普遍意义地来表示实际数量关系。

情境二：1. 日平均气温是指一天中 2:00，8:00，14:00，20:00 四个时刻气温的平均值。若某天广州上述四个时刻气温的摄氏度数分别是 19，22，28，24，则该日广州日平均气温摄氏度数是_____（只需列出算式）。

2. 日平均气温是指一天中 2:00，8:00，14:00，20:00 四个时刻气温的平均值。若某天广州上述四个时刻气温的摄氏度数分别是 a，b，c，d，则该日广州日平均气温摄氏度数是_____（只需列出算式）。

生2：分别是（19+22+28+24）÷4，$\dfrac{a+b+c+d}{4}$。

师：很好，当字母涉及除法时，一般我们会用分数线来代替除号，这是书写上我们要注意的地方。

情境三：1. 一个五彩花圃的形状如图，花圃的面积为_____（只需列出算式）。

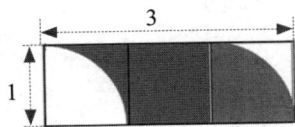
图1

2. 一个五彩花圃的形状如图，花圃的面积为_____（只需列出算式）。

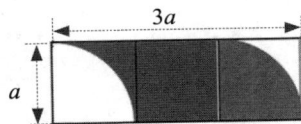
图2

生 3：分别是 2×1，$2a^2$。

设计意图：研究新概念首先要有大量的具体实例让学生去感知，而代数式是区别于原有的数学算式的，所以针对同一情境安排了算式和代数式这样的对比情境，让学生更加明确代数式的特点和意义。

（二）归纳共同特征，形成概念

师：通过刚刚的三个情境，我们得到了六个数学表达式，现在老师将其分为左右两组，请你分析一下两组式子各有什么特点？

$5 \times 10 + 8 \times 2$

（19+22+28+24）÷4

2×1

$10a + 2b$

$\dfrac{a+b+c+d}{4}$

$2a^2$

生 4：右边那组把左边那组的已知数换成了字母。

生 5：左边的那组的算式中都是数字，右边那组的算式中出现了字母。

师：是的，左边这组其实是我们以前一直碰到的数学算式，由数与运算符号组成。右边这组其实就是我们今天要研究的代数式。而研究一个新概念首先要看它有哪些元素，同学们在右边的算式中发现了哪些数学元素？

生（众）：数、运算符号，还有表示数的字母。

师：所以什么是代数式，大家能给出它的定义吗？

生（众）：由数、表示数的字母和运算符号组成的数学表达式称为代数式。

师：这里的运算符号有哪些？

生（众）：加，减，乘，除，乘方，开方。

师：值得注意的是，单独一个数或一个字母也称为代数式。

设计意图：通过对比、归纳、概括出代数式的特点，使学生对新知的认识逐渐从模糊走向清晰。

（三）练习巩固，深化概念

1. 辨一辨

师：刚刚我们归纳了代数式的概念，现在请你判断一下，以下几个算式是不是代数式？

（1）5　　　　　　（2）$x+^3$　　　　　　（3）$x^2=4$

（4）$t>2$　　　　（5）$a^2+\sqrt{b}$　　　　（6）$3x^2$

生6：（1）是的，单独一个数也是代数式。

生7：（2）是的，由数、字母、运算符号构成，同样的（5）（6）也是的。

生8：（3）（4）都不是，因为出现了"＝、＞"这样的符号，这不算运算符号。

师：说得很棒，"＝、＞"只能说是关系符号，所以在判断的时候关键是看是不是运算符号。

2. 列一列

例1：用代数式表示：

（1）x 的 3 倍与 3 的差；　　　　　（2）x 与 1 的差的平方根

（3）x 的 2 倍与 y 的 $3\frac{1}{2}$ 的和　　　（4）a，b 的和除 s 所得的商

（5）x 的 30% 与 y 的 4 倍的比　　　（6）$2a$ 的立方根

师：请同学们在学案上书写出相应的代数式，同时思考我们应该怎样列代数式？

生9：比如第一小题，因为是差所以我列了 $3x-3$ 这样的一个减法算式。

师：也就是说我们要由语句中的关键词决定运算符号对吗，那第二小题的关键词是什么？

生10：平方根。

师：平方根该怎样表示呢，还有算数平方根，大家要注意区分。

生11：$\pm\sqrt{a}$ 表示 a 的平方根，算数平方根应表示为 $\sqrt{a}$。

师：除了运算符号，还要注意运算顺序，比如第四小题，用了除字，应

— 7 —

该是后除以前，除和除以还是不一样的。

3. 猜一猜

师：班级有 8 个小组，我将 2，4，6，8 组定为 A 组，另外的四个小组则为 B 组。在上课之前，我把如下的学案纸对应地发给 A 组、B 组的学生，也就是说同桌之间拿到的是不同的学案。

A 组	B 组
环节一：用代数式表示 （1）a 与 b 的和的平方 （2）a，b 两数的平方和 （3）a 与 b 的平方的和	环节一：用代数式表示 （1）a 的 2 倍与 b 的差 （2）a 与 b 的差的 2 倍 （3）a 与 b 的 2 倍的差
环节二：用文字叙述 B 组中的代数式的数量关系 （1） （2） （3）	环节二：用文字叙述 A 组中的代数式的数量关系 （1） （2） （3）

设计说明：该活动有两个环节。环节一：用代数式表示，是对例题的巩固练习，而这一环节的三个小题是非常容易混淆的。在学生完成这一环节后，分别请 A 组、B 组派代表到黑板上写出他们的答案。接下来，让学生完成环节二：用文字叙述黑板上另一小组的代数式所表示的数量关系。完成后同桌之间相互"解密"。通过正反两方面的练习，相信学生会对代数式有更深的理解。

（四）联系生活，应用概念

例 2：一辆汽车以 80km/h 的速度行驶，从 A 城到 B 城需 t(h)。如果该车的行驶速度增加 v(km/h)，那么从 A 城到 B 城需多少时间？

师：汽车的速度增加了，增加之后是多少呢？

生 12：（80+v）km/h。

师：路程呢？

生 13：80t（km）。

师：所以现在需要多少时间呢？

生14：行驶时间等于路程除以速度，所以从 A 城到 B 城需要 $\dfrac{80t}{80+v}$（h）。

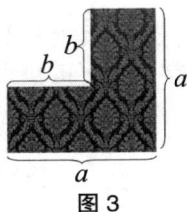

师：刚刚我们用所学知识解决了生活中的行程问题，接下来我们再来解决一个面积问题。

"废料"再利用：如图 3，是一张用来装裱书画作品的彩纸余料，美术老师想把它进行再加工，需要算出它的面积，你能用代数式表示它的面积吗？

生15：将上面那块长方形分割下来，整个图形分成两块长方形来计算：$a(a-b)+b(a-b)$

师：分割之后，一定要分两块来算吗？

生15（想了想）：还可以拼成一个较大的长方形：$(a+b)(a-b)$。

师：只能这样分割吗？

生16：也可以竖着分割，不过和刚刚的情况一样。

生17：可以斜着将它分割成两个一样的直角梯形：$\dfrac{(a+b)(a-b)}{\times}$ 。

生18：分割成两个梯形后还能拼在一块儿。

师：同学们的方法都不错，只能分割吗？

生19：还可以将它补成一个正方形，减去多余的就可以。

师：是的。割和补是我们解决面积问题的两种常用策略。

设计意图：利用数学知识解决生活问题，让学生感受数学与生活的联系；同时锻炼思维的灵活性，开拓思路，提高学生解决问题的能力。

（五）归纳小结，巩固概念

师：今天我们学习的是代数式，"代数"是区别于以往的数学算式，多了表示数的字母，更具普遍意义。"式"主要是看运算符号。今天这节课大家可以从下面几个角度来整理：

代数式的概念你了解了吗？

代数式：能判断？能列式？能叙述？能应用？

设计意图：梳理概念的形成过程，应用技巧和探索过程中的经验，培养学生良好的情感、态度与价值观。

三、关于概念教学的思考

（一）概念教学应重视概念的形成过程

根据心理学理论，人类获取概念的主要方式是概念的形成和概念的同化。概念的形成是指从大量的具体实例出发，归纳概括出一类事物的共同本质特征从而得到新概念，即思维的归纳过程，如本文中经历特殊到一般的研究过程形成代数式的概念。概念的同化是指学习者利用已有认知结构中的观念来理解新概念的过程，如二元一次方程的概念就可以通过类比一元一次方程得到。但不管是哪种方式，最终目的都是掌握同类事物的共同属性。要让学生经历和感受概念获得的过程，明确概念的意义和作用，掌握概念的本质属性。在"代数式"一节中，通过三个对比情境，让学生感受到代数式比算式更具普遍意义，理解符号的意义。通过观察、归纳得出代数式的共同特征，从而明确其概念。

（二）概念教学应重视概念的深化过程

概念形成之后，还需要进行巩固深化，才能更准确地理解概念，帮助学生自我检验学习效果。一般可以通过概念辨析、概念应用、合作交流等方式。本课中，通过辨一辨检验学生是否真正理解概念，找到盲区。通过列一列、猜一猜的环节，实现数学文字语言与符号语言的双向转换，能根据实际数量关系列出代数式，也能叙述代数式所表示的数量关系，增强符号意识和应用意识。

深度学习：从体验到探究

诸暨市店口镇湄池初中　顾雪春

我们知道，在所有的核心素养中，学习、思维、创新是核心，而学习的本质是思维，创新的核心是思维。任何学科核心素养的形成都需要通过学生积极主动的思考，并以发展学生的学习能力、思维能力和创新能力为核心，提升学生基础素养的质量和应用素养的水平。

接下来，笔者将通过三个教学创新来引例阐述思维型课堂，与大家一同探讨。

聚焦思维一：通过活动与体验深度学习

在我们平时的教学中，学生的被动接受和自主学习其实都是学生的浅层学习，而思维型教学属于深层学习，由自主构建深化到合作构建，这就需要我们在课堂中不断地用思维的方式去促进学生的深层学习。

情境一：通过联想与建构，让学生去体验数学源自于实际问题的解决。

师：我们一起来思考，一个正方形，若它的边长发生变化，那么正方形中的哪些量也在随之变化？

生（众）：面积。

师：除了面积，还有吗？

生（众）：周长。

师：我们已经学习过用函数来表示两个变量之间的依赖关系，那么在这一问题中，周长 C 与边长 x 的函数解析式是什么？

生（众）：$C=4x$。

师：好的，同学们都回答正确。第二个，面积 S 关于边长 x 的函数解析式是什么？

生（众）：$S=x^2$

师：好的，也完全正确。

情境二：通过参与活动和课后体验，追思追问，让学生感受到学习的成就，从而爱上思考。

师：老师希望同学们能将刚才的思路理清并运用到实际题目中。我们接着看，用长为 20m 的篱笆，一面靠墙，现在围一个花圃，这里的 20m 指的是图 1 中的哪些线段呢？

生：$AB+BC+CD$

师：如果假设 AB 的长度为 x，BC 的长度为 y，花圃的面积为 S。它第一个需要求出的是 y 关于 x 的函数解析式。

生 A：它们的关系式为 $y=20-2x$

师：很好，请坐。那么 S 关于 x 的解析式又是什么呢？

生 B：$S=xy$

师：但我们现在要求的是 S 关于 x 的解析式，并且刚才 y 已经表示出来了。

生 C：$S=-2x^2+20x$

师：很好，请坐。

在研究函数与自变量关系的时候，通过具体的实际问题让学生抽象出数学问题，再分类比较，有助于学生自行发现并归纳出函数的共同特征，能更快更准确地求出函数表达式，用数学语言表达实际问题，也就是用函数来解析实际问题。

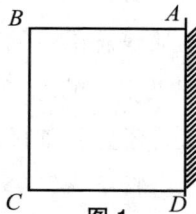

聚焦思维二：聚焦点，化归一，探究难题的突破

情境三：通过化归思路，让学生自主探索。

在九年级的教学当中，我们常常会用一题多解、多解归一、多题归一的思路，用"动"的观点分析问题。来看以下几个问题：

问题发现：（1）如图2，P 是半径为2的 $\odot O$ 上一点，直线 m 是 $\odot O$ 外一直线，圆心 O 到直线 m 的距离为3，$PQ \perp m$ 于点 Q，则 PQ 的最大值为 _____。

问题探究：（2）如图3，将两个含有30°角的直角三角板的60°角的顶点重合在一起（其中 $\angle A = \angle A' = 30°$，$\angle C = \angle C' = 90°$），$\triangle CAB$ 绕点 B 旋转至 $\triangle C'A'B$，当旋转至 $CC' = 4$ 时，求 $\angle AA'$ 的长。

问题解决：（3）如图4，点 O 为等腰 $Rt\triangle ABC$ 的斜边 AB 的中点，$AC = BC = 5\sqrt{2}$，$OE = 2$，连接 BE，作 $Rt\triangle BEF$，其中 $\angle BEF = 90°$，$\tan \angle EBF = \frac{3}{4}$，连接 AF，求四边形 $ACBF$ 的面积的最大值。

思路切入分析：第（1）题属于圆上一动点到定线距离的最值问题，当 PQ 过圆心时，PQ 有最大值为5，当 QP 的延长线过圆心时，PQ 有最小值为1，其实圆上一点到定点或定线距离的最值，都是圆上动点与定点的连线所在直线，或到定线的垂线段所在直线过圆心时取最值。

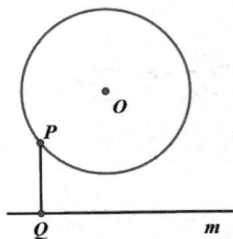 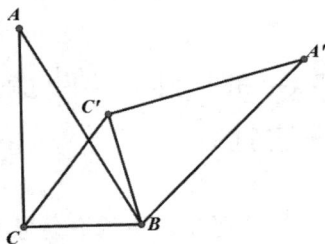 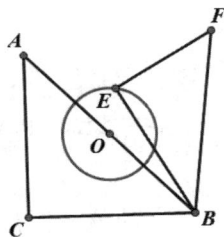

图2 图3 图4

（2）经典旋转全等或相似模型，容易证出 $\triangle BCC' \backsim \triangle BAA'$，故 $\frac{CC'}{AA'}$ $= \frac{BC}{BA} = \frac{1}{2}$，根据 $CC' = 4$，可以求出 $AA' = 8$，前面两个问题比较基础，问题（1）、问题（2）其实是为问题（3）问做铺垫，搭建一个过渡的台阶。这时我们可

过点 O 作 $OG \perp OB$，使得 $OG = \frac{3}{4} OB$，根据旋转相似模型即问题（2）中所得结果，易证两个三角形 $\triangle EOB \backsim \triangle FGB$ 相似，则 $\frac{OE}{GF} = \frac{BE}{BF} = \frac{4}{5}$，可得 $GF = 2.5$，如图 5.

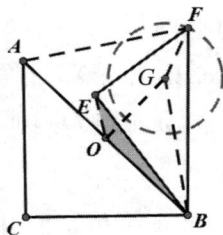
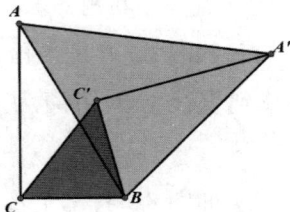

图 5　　　　　　　　　　图 6

所以点 F 在以 G 为圆心，GF 为半径的圆上运动，由于 $\triangle ACB$ 面积为定值，故想求四边形 $ACBF$ 的面积的最大值，只需要求 $\triangle ABF$ 面积的最大值，而在 $\triangle ABF$ 中，边 AB 为定值，那么当点 F 到 AB 的距离最大时，$\triangle ABF$ 的面积也最大，此时问题就转化为问题（1）中的模型，即当 O，G，F 三点共线时，AB 边上的高最大，为 FO 的长，进而四边形 $ACBF$ 的面积的最大值可求，如图 6。

用边角关系或运动变换的方式进行多个解归一，把看似毫无关系的三个题联系在一起，尽可能地拓展学生的思路，训练学生敏锐的思维，做到"联系并结合运用"，最终达到"漫江碧透，鱼翔浅底"的境界。

聚焦思维三：开发与建构——课堂精彩之处不在于预设之处而在于非预设之处

"现在的孩子创新能力差""现在的孩子不会思考"……这样的话相信我们身边的同行偶尔也抱怨过，很多人把这种弊端的产生归结为中国的考试评价制度，但在新课程改革已经全面铺开的今天，我们作为教师也可以少一点抱怨，多一份自省。

创新、思考是一件非常快乐的事情，但现在我们的学生却难以享受到这种快乐。我们的基础教育过多地注重接受式、注入式的学习方式，而忽略了探究式的学习方式。新教材则更关注了人的发展，我们的课堂应该是动态的、开放的；教学时我们不应死守着预设目标不放，要在课堂上善于倾听学生、关注学生，在坚守教学底线的同时善于去捕捉机遇的生成，真正的教学一定是预设的目标加上生成的目标，从而达到课堂的要求。

情境四：二次函数的概念的形成。

师：今天我们学习了二次函数，那老师请大家来想一想，在不添加辅助线的条件下，同学们能不能找到两个量，使其中一个变量是另一个变量的二次函数？在你们的课堂练习纸上，老师给大家留了三个这样的空，请同学们试着写出来看一看，你能够找到多少种二次函数的关系。好，大家先独立思考。

师：（边走边观察学生的答题情况。）

师：好，有些同学找到了一个或者两个，你可以和你的同桌互相交流一下，看一下同桌的答案是否会对你有所启发？（省去学生各种不同的方法和解析。）

师：老师发现 A 同学找的都是一条线段和一个面积之间的关系，有没有同学突破这一层思维的限制？还有没有其他能够想到的、与众不同的？

师：同学想得都很巧妙，那么这样的话，老师也来举一个例子，你们来看是不是二次函数？（省去学生与老师对该问题的分析过程。）

师：通过对变量乘积的探讨，我们发现，在同一个模型中，可能函数的存在不止一个，那么大家可以课后去思考一下，这节课，有何收获？

以开放式问题作为最后的压轴问题，不仅可以调动学生的课堂参与积极性，学生的思维也在此进行碰撞，思维的火花在此激发，深化了学生综合应用数学知识的能力。这样的设计让本节课堂在最后开出了"五彩缤纷"之花，彰显了数学课堂之魅力，此处正是本节课的精彩之处。

数学核心素养发展的基本途径是"用数学"，数学核心素养的价值突出体现在"用数学"解决实际问题上。在问题情境的引入、数学抽象、函数建模等过程中给学生提供充分交流的机会，使学生逐渐学会清晰、准确、有逻辑地表达自己的数学思考，逐渐提高理解、内化他人思想的能力。爱因斯坦说过：

"素养"是一个人把在学校学到的全部知识遗忘后留下的东西。让我们合理设计课堂，充分发挥学生的作用，倡导学生主动参与、交流、合作、探究等多种学习活动，改进学习方式，使学生真正成为学习的主人。

从引领到生成：以"关于将三角形分割成两个等腰三角形的探究"的教学设计为例

诸暨市浣江初级中学　何思瑾

核心素养概念的明确提出，意味着初中数学学科教学的目标与追求有了新的改革，学生不仅要理解和掌握基本的数学知识与技能，[1]更要体会和运用数学思想和方法，获得基本的数学活动经验。传统的初中数学教学往往以培养学生的解题技巧和应试能力为主，这不符合当代社会对创新型人才的需求。基于应试而超越应试，培养学生主动思考的习惯，提升分析问题的能力，发展学生的思维，才是核心素养培育背景下数学教学的正确途径。基于此，笔者将以"关于将三角形分割成两个等腰三角形的探究"的教学设计为例，浅谈如何通过问题引导，环节设计，促进学生核心素养的发展。

一、教学内容分析

（一）教材分析

本节课是八年级上册第二章"特殊三角形"中的一节拓展类的探究性课堂。从教材探究活动的原题入手，引导学生利用从特殊到一般、分类讨论、

---

[1] 沈蓉辉. 初中数学课程是什么：核心素养背景下对初中数学教学根本问题的追问 [J]. 数学教学通讯，2020(17):47–48.

数形结合等数学思想方法，探究关于一个三角形分割成两个等腰三角形的条件与方法，归纳结论并加以灵活应用。

（二）教学目标

1. 探究并归纳一个三角形分割成两个等腰三角形的条件与方法。

2. 应用所归纳结论与方法解决问题，进一步体会转化、分类讨论、数形结合等数学思想，体会由特殊到一般的数学方法。

（三）教学重、难点

教学重点：运用分类讨论的思想，找出能被分割的原三角形内角的关系。

教学难点：不遗漏、不重复地进行分类讨论。

二、教学过程

（一）原题呈现，引发思考

问题 1：在学习等腰三角形时，教材探究活动中有这样一个问题：如图 1，有甲、乙两个三角形。甲三角形的内角分别为 10°，20°，150°；乙三角形的内角分别为 80°，25°，75°。画一画，你能把每个三角形分成两个等腰三角形吗？并标出各角的度数。

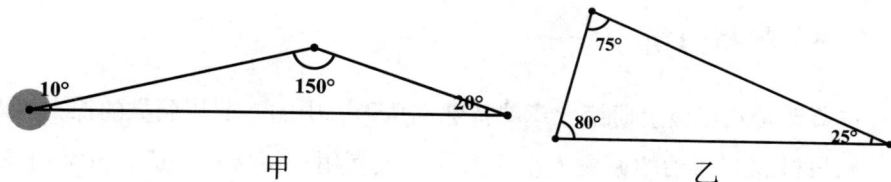

图 1

追问 1：这条分割直线有要求吗？

追问 2：直线可以经过任何一个顶点吗？哪个角不能分割？

设计意图：展示教材背后探究活动原题，从学生的最近发展区出发，通过追问，引导学生归纳分割原则——分割直线要过顶点，并保留最小角。

问题 2：如图 2，遵循上述分割原则，你能把每一个三角形分成两个等腰三角形吗？动手试一试。

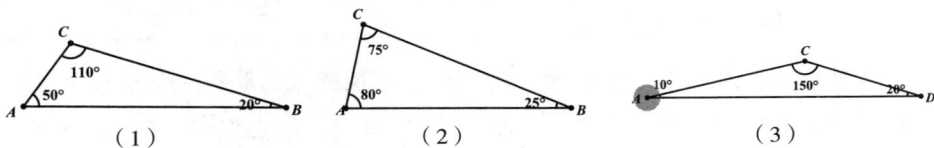

图 2

追问：是不是任何三角形都可以分成两个等腰三角形？三角形内角度数要满足什么条件才能分割？你能提出怎样的猜想？

设计意图：学生通过动手实践，发现不是所有三角形都能被分割成两个等腰三角形，通过观察原三角形的内角度数，自然提出关于能被分割的三角形内角度数的猜想。从特殊到一般的问题设置，符合学生的认知规律，能激发学生的探索欲望，培养学生发现问题、提出问题的能力。

（二）合作探究，提炼结论

问题 3：同学们的猜想正确吗？今天一起探究将一个三角形分割成两个等腰三角形的条件与方法。假设 $\angle B$ 为最小角，分割直线 AD 将 $\triangle ABC$ 分割成两个等腰三角形 $\triangle ABD$ 和 $\triangle ADC$。不妨规定 $\angle ADB$ 为钝角，则在 $\triangle ABD$ 中 $BD=AD$。而 $\triangle ADC$ 呢？哪两条边相等？

教学说明：$\triangle ADC$ 为等腰三角形共有如下三种情况（表 1），教师需要引导学生在每种分类情况下，根据条件探究原三角形的内角特点，并总结分割方法。

表1

	DA=DC	AD=AC	CA=CD
图形			
分割条件	原三角形为直角三角形	有一个内角是另一个内角两倍的三角形	有一个内角是另一个内角三倍的三角形
分割方法	分割线即为直角三角形斜边上的中线所在的直线	从第三个角进行分割	从三倍角进行分割

设计意图：教师引导学生对分割条件进行探究，对等腰三角形逐个进行分析，引导学生分类讨论，培养学生思维的严密性和深刻性。探究完分割条件后，教师在每一类情况下追问如何分割，引导学生总结分割方法，掌握知识技能。学生通过口答、上黑板板演等方式，实现大胆猜想、主动探索、实践运用、解决问题的课堂经历，对所学知识掌握得更加深刻。

（三）活学活用，巩固新知

问题4：画一画，完成练习1。

（1）如图3，在△ABC中∠C为直角，请用直尺和圆规作一条直线，将△ABC分割成两个等腰三角形（不写作法，保留作图痕迹）。

（2）请你判断，能否分别画一条直线，把图4、图5的两个三角形分割成两个等腰三角形？若能，请写出分割成的两个等腰三角形顶角的度数。

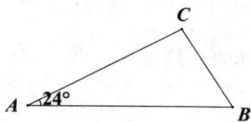

图3

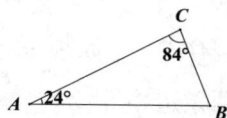

图4

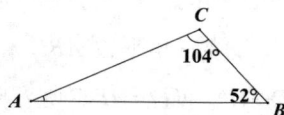

图5

追问1：图3可以分割吗？当三角形有一个角是另一个角的2倍时，一定能够被分割成两个等腰三角形吗？

追问2：需要增加什么条件呢？这个角有什么限制呢？

设计意图：学生经过对分割条件以及分割方法的探索，获得了基本知识，掌握了基本技能，能快速完成图1、图2的分割，实现了对新知的熟练应用。而在完成图3时，学生会发现△ABC中明明有两倍角却无法分割成两个等腰三角形，这与已归纳的结论产生矛盾，形成认知冲突，激发学生的思考，感受数学推理的乐趣，从而再次探索有一个内角是另一个内角两倍的三角形要能被分割成两个等腰三角形的条件限制。

问题5：有一个内角是另一个内角两倍的三角形，要能从第三个角进行分割，∠BAD的度数有要求吗？

教学说明：如图6，要能分割，需要满足∠BAD

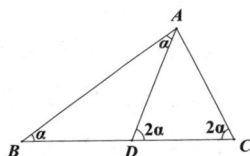

图6

< ∠BAC，即 $a < 180-3a$，解得 $a < 45°$。也就是说原三角形单倍角的限制条件为小于45°，而图3中∠B超过了45°，因此无法分割。

问题6：求一求，完成练习2。

在等腰△ABC中，$AB=AC$，其中过一个顶点的直线可以把这个三角形分成两个等腰三角形，求∠BAC的度数[1]。

教学说明：根据探索的结论，△ABC会满足下列三种情况：

（1）△ABC为直角三角形。则∠$A=90°$。

（2）△ABC中有一个内角是另一个内角的两倍。这种情况下又将进行∠$A=2∠B$，∠$B=2∠A$的分类讨论，并对解出答案进行单倍角是否小于45°的检验。

（3）△ABC中有一个内角是另一个内角的三倍，这种情况下又将进行∠$A=3∠B$，∠$B=3∠A$的分类讨论。

设计意图：练习2考查学生对本节课堂探究结论在实际解题中的应用，要求学生按照一定的逻辑顺序，全面、周密地思考问题，进行多次的分类讨论，有利于培养学生思维的严密性，提升学生分析、解决问题的能力。

---

[1] 陈凤岚. 怎样的三角形可以被分割为两个等腰三角形 [J]. 考试周刊，2010(17):81–82.

问题 7：问题变式。如图 7 所示，∠A=30°。点 P 是边 AC 上的动点，点 Q 是 BC 上的动点。连结 BP 和 PQ，将△ABC 分割成三个三角形△ABP、△PQC、△BPQ。若分割后的这三个三角形都是等腰三角形，求∠C 的度数的所有可能值。

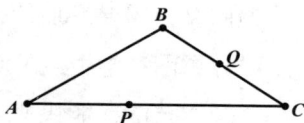

图 7

追问 1：分割成三个等腰三角形又该如何解决？在这个问题中还能应用今天的探究成果吗？

追问 2：△BAP 与△BPC 有什么联系？

教学说明：教师通过 PPT 制作如图 8 图形变形的动画，引导学生在变式中找到基本图形，将难题转化为学生能够解决的两个问题——△BAP 是∠A=30° 的等腰三角形，△BPC 能分成两个等腰三角形。而∠APB+∠CPB=180° 是这两个问题的联系所在。学生通过对问题一分三类讨论，得到∠BPC 的所有可能度数为 60°，105°，150°。接下去再像练习 2 一样对△BPC 能分成两个等腰三角形进行分类讨论，最后得到∠C 的度数的所有可能值为 10°，20°，25°，35°，40°，50°，80°，100°。

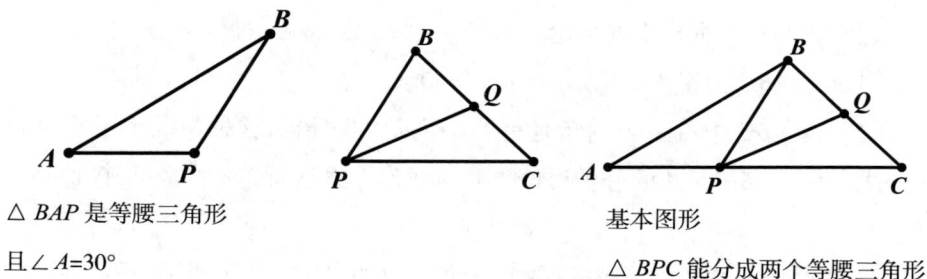

△BAP 是等腰三角形
且∠A=30°

基本图形
△BPC 能分成两个等腰三角形

图 8

设计意图：在学生已经能熟练应用，快速解决分割成两个等腰三角形的基础上，将问题变式分割成三个等腰三角形，加大问题难度，激发学生的挑战性与求知欲。引导学生在复杂问题中找出基本图形与基本方法，渗透数学的转化思想，积累遇到陌生问题时的经验与方法。

（四）回顾反思，总结归纳

问题 8：通过这一节课，你有哪些收获?

设计意图：在课堂最后引导学生对知识技能、思想方法进行总结，形成思维导图（图 9），让知识脉络更加清晰。

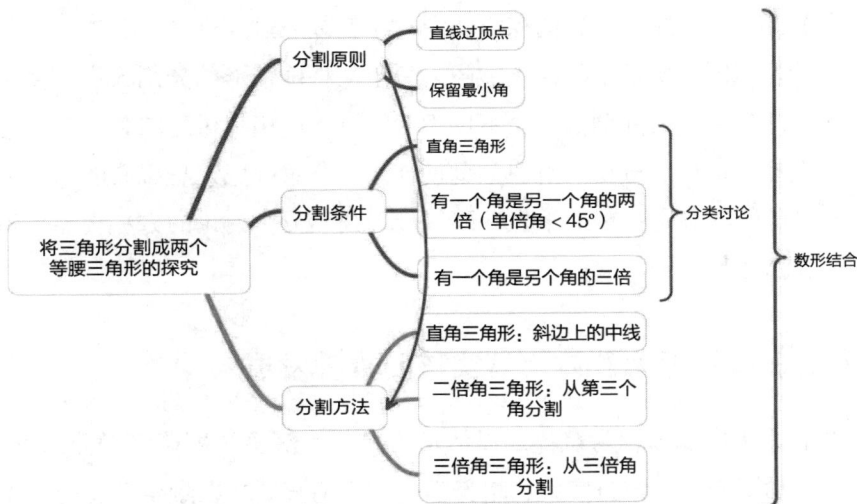

图 9

三、教学思考

（一）以学生为主体，实现思维进阶发展

本节课以课本原题为例，从特殊的数学问题入手，引导学生动手操作，亲身实践将一个三角形分成两个等腰三角形，进而主动提出猜想并加以证明。[1] 在归纳分割条件与方法后，教师通过设计练习环节，让学生在应用中产生认知冲突，从而进一步对分割条件再次探究。课堂通过问答互动、黑板板演、小组讨论等环节设置，每一个问题的提出后，都由学生亲自动手操作、

[1] 沈建新. 基于核心素养的一次教材探究活动的研究历程 [J]. 数理化学习（初中版），2018(3):11-14.

思索验证，由初面课题时的无从下手，到条理清晰，再到豁然开朗，增强学生的课堂体验感，真正实现了以学生为主体。环节设置由易到难，由浅入深，实现从基础知识到高阶思维的不断发展。

（二）以探究为方法，注重学习积累经验

本节课是以问题为引领的探究式课堂，教师通过递进式、连贯式的问题提问，激发不同层次学生的探索欲望。学生从特殊情形的分割入手，多次经历了从特殊到一般的问题探究，不仅为后续灵活应用提供思路和方法，也培养学生发现、提出、分析、解决问题的能力。[1]通过探索与研究活动，引发学生多维的数学思考，帮助学生巩固等腰三角形分类讨论的方法技能，积累问题解决的经验。

（三）以知识为载体，落实核心素养发展

本节课实现以知识为载体，以活动为路径，落实学生核心素养的发展。通过学生动手操作，亲身实践，培养学生的几何直观。在学生已有的知识和学习经验的基础上，教师通过层层递进的问题引导，促进学生主动思考，培养逻辑推理能力。在探究与应用中用代数手段解决几何问题，体会建模思想。整堂课需要不断进行分类讨论，要求学生全面、周密地思考问题，培养学生思维的严密性与深刻性。通过问题探究，习题变式，引导学生在复杂的问题中寻找基本图形，将问题进行转化，培养应用意识与创新意识。

综上所述，课堂教学是数学素养发展的重要载体。教师要将核心素养的培养渗透在教学过程中，通过创设探究性课堂，让学生经历观察、思考、猜想、验证等步骤，积累发现、提出、分析、解决问题的活动经验，提升自身的创新能力，综合强化数学核心素养。

---

[1] 张勃. 基于"四能"的学习内容开发与实践：以"三角形分割为两个等腰三角形"的探究为例 [J]. 数学通报，2019(8):48–51.

课堂实践：从概括到整体

诸暨市浣江初级中学　宋菁菁

在初中数学课堂实践中，在新课标的要求和目标下，结合初中数学的学科内容和特点，精心设计关键问题，以活动实践为载体，使得学生在初中数学课堂实践中进一步形成和发展核心素养。[1]

一、课堂实践的特征

（一）产生问题的真实课堂

质朴是真实课堂的教育活动本色，学生在真实课堂的学习和实践过程中的感受和学习真实地发生，有课堂学习、有师生互动；教师要更多地关注在课前的知识预设，更多地关注学生在课堂中新的知识生成；[2]在整堂数学课中有问题、有遗憾，还原一堂课本来的面貌，不流于形式。

（二）深度学习的活力课堂

深度的学习其实就是对于学生的一种核心素养的培养和思维的提升，从感知到独立思维再到探究。向学生个性化、选择化、多元化激发课堂学习的活力。教师在课堂对问题进行了迁移，让教师和学生自由地成为多元化课堂

[1] 李高顺. 初中数学教学中存在的问题及解决对策 [J]. 课程教育研究，2017（18）:231.

[2] 陈建琴. 浅议课堂中的生成与预设 [J]. 新课程教育，2011（16）：62–63.

理论和实践的发声者，让教师和学生静心地对解决问题和方法进行原始的思考，培养了学生独立思考的良好习惯，提高学生思考的效率和能力。[1]

（三）尊重选择的自主课堂

所谓的自主课堂指的是教师和学生之间能够主动并且进行有一定目标的学习，在教师的支持和引导下主动明确其学习的目标和完成的任务，选择一种适合其学习的方法，自律其学习的过程，评价其学习效果的自主参与课堂。在这个以教师和学生为中心的课堂学习主体和环境中，学生拥有了自主参与学习的强大能动性和满足多样化的课堂学习的需求，因而学生成为了自主课堂上真正的主人。

（四）拓展思维的延伸课堂

教师应根据课堂中需要教学的基础知识，布置相应的教学作业，将课堂的知识延伸到生活中，引导学生在生活中进行实践、探究。让学生充分地利用自己在生活中的经验学习新的知识，然后用自己在课堂上在生活中学到的一些知识和方法去重新解释旧的生活、创造新的生活，以此方式来培养和提高自己对生活中知识的综合理解能力和实际应用的能力。

二、课堂实践的策略

（一）构造模型

在初中阶段，所有构造数学的问题都基本上是可以应用构造数学的概念和定理或者数学方法解决的，每一个数学概念、公式、定理或者数学方法都可以把它看成一个构造数学的模型。[2] 在初中数学课堂实践的核心内容就是

---

[1] 马晓劲. 浅谈在数学教学中如何培养学生的思考能力 [J]. 教育研究，2011（1）：174.

[2] 黄辉梅. 中学生数学形象思维能力培养研究 [D]. 华中师范大学，2010.

如何解决数学问题，而解决问题构造和解决的过程就是初中数学模型的基本构造和实际应用的课堂实践过程，即在组合题中利用已有的基础条件和辅助条件建构数学模型，或通过添加条件和辅助的元素把组合题中现存残缺的数学条件和模型辅助元素补充完整。

数学模型的构造和解决的过程：现存模型——组合，残缺模型——填补，隐藏模型——变换。

（1）组合：分析题中已有的条件信息，把相关联的元素整合成可用的有效数学模型。

例1：如图1，在△ABC中有一正方形DEFG，其中D在AC上，E，F在AB上，直线AG分别交DE，BC于M，N两点。若∠B=90°，AB=4，BC=3，EF=1，则BN的长度为多少。

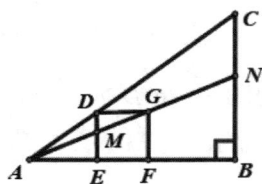
图1

思路分析：由正方形DEFG和∠B=90°可知DE//GF//BC。要求BN的长度，就可以寻找相似三角形，找到对应线段的比例关系，列出比例式进行求解。在本题中有多种相似组合，如图2所示：

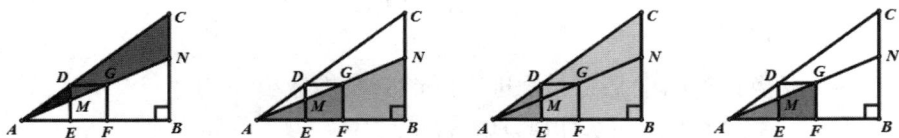
图2

（2）填补：题中条件与已知数学模型相比缺少某些元素，把它添补完整即可应用解题。

例2：如图3，在△ABC中，AB=AC，∠BAC=80°。D是△ABC内的点，且∠CBD=10°，∠ACD=20°。求∠ADB的度数。

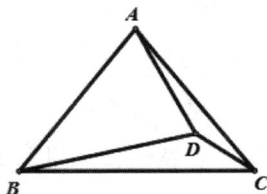
图3

思路分析：本题最值关注的条件是∠BCD=30° 及∠BDC+$\frac{1}{2}$∠BAC=180°，它是构造特殊三角形的基础。然后进行合理的猜想：① AB=DB；②∠CAD=∠CBD。

构造特殊三角形的主要思路有（图4）：

思路一：由∠BCD=30°，联想到作△BDC的轴对称图形，构造等边三角形BCE。

思路二：由∠BCD+∠CBD=40°=$\frac{1}{2}$∠BAC，联想到构造△BDF≌△BAF。

思路三：在△ABC中，AB=AC，60°<∠BAC<120°，D是△ABC内一点。

由于∠BCD=30° 及∠BDC+$\frac{1}{2}$∠BAC=180°，若点E，D关于直线BC对称，则构成△EDC，△EAB均为等边三角形。

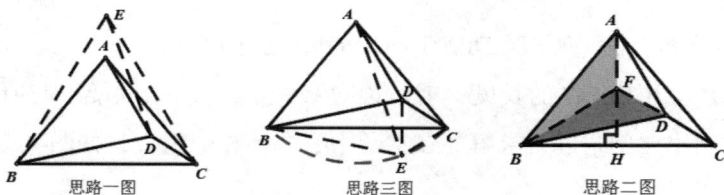

思路一图　　　思路三图　　　思路二图

图 4

（3）变换：把图中某些元素进行图形变换构造出新的图形，使孤立分散的条件信息建立联系。

例 3：已知：CN平分正方形$ABCD$的外角∠DCE，M是BC边上的一点，MN⊥AM。求证：AM=MN。

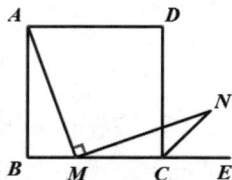

图 5

思路分析：

思路一：通过截取、旋转或翻折构造全等三角形（图6中阴影标记的两个三角形全等），找到对应边相等。有多种方法，如图6所示：

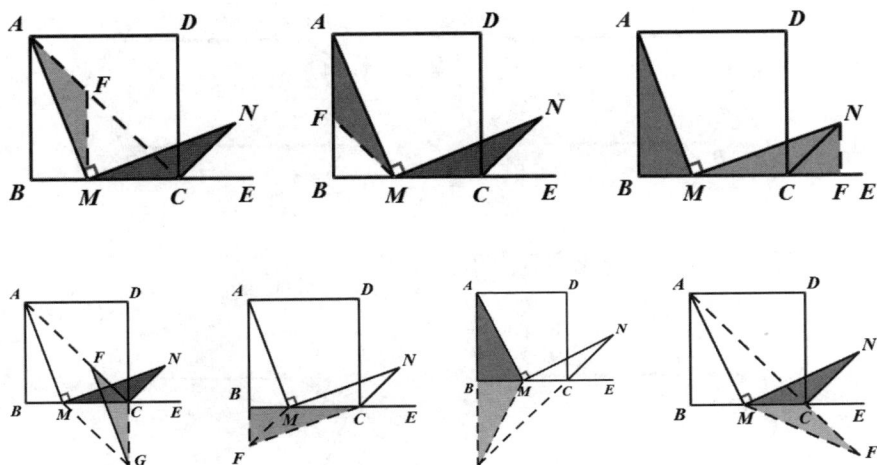

图 6

思路二：构造直角三角形 $\triangle AMN$，利用勾股定理，由 $AN^2=AM^2+MN^2$，得到 $(x+b)^2+(x-b)^2=x^2+a^2+(x-a+b)^2+b^2$，得到 $a=b$，$AM^2=MN^2$，所以 $AM=MN$。

思路三：由 $\angle AMN=\angle ACN=90°$，得 A，M，C，N 四点共圆，以 AN 为直径构造辅助圆，所以 $\angle ANM=\angle ACM=45°=\angle MAN$，得到 $AM=MN$。

（二）一题多解多变

在初中数学课堂实践教学中，深入探究和剖析问题，通过一题多解多变可以有效训练数学思维方法和分析解决问题的能力，强化对数学知识的理解和运用，形成严密的知识结构和方法系统。[1]

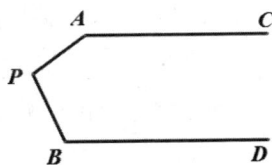

图 7

例 4：如图 7，$AC//BD$，求 $\angle PAC$，$\angle APB$，$\angle PBD$ 的数量关系。

多解：

（1）添平行线，构成三组平行，如图 8。

[1] 孙燕. 初中数学教学中如何渗透数学思想方法 [J]. 科学咨询，2020（16）：97-98.

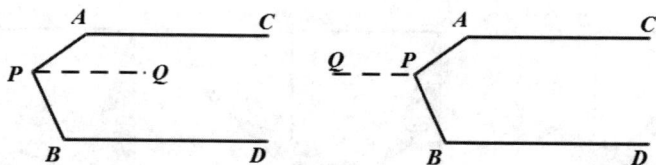

图 8

（2）延长至相交，构成同旁内角，如图 9。

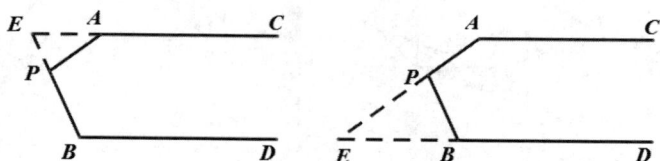

图 9

（3）构造三角形或多边形，如图 10。

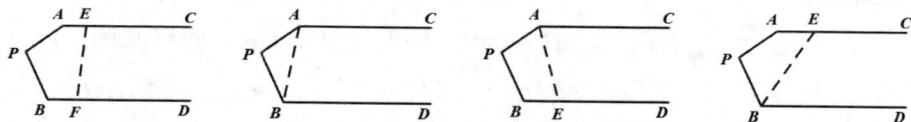

图 10

多解实质：各种解法的共性是构造平行线的截线产生角的关系，或借助多边的内外角关系整体求值。

多变：

变式 1：如图 11，改变 P 点位置，其他条件不变，解法和结论有何变化？

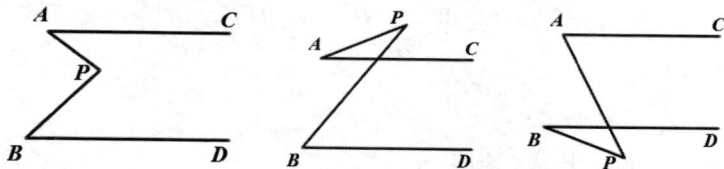

图 11

变式 2：如图 12，改变平行线的方向，其他条件不变，解法和结论有何变化？

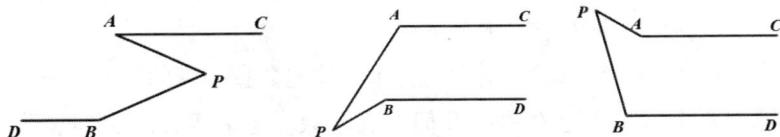

图 12

变式 3：如图 13，增加 P 点的个数，其他条件不变，解法和结论有何变化？

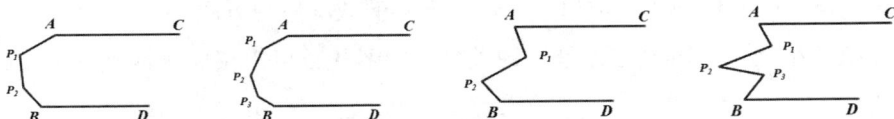

图 13

多题实质：上述不同问题的解法共性规律是利用平行线性质或多边形内外角关系实现角的转化。

（三）全面思考

由于知识的经验不同、思考的方式不同，在同一个时间和情景下看到的事物和景象便不同，思维能力强的人往往能看得远、看得高、看得深、看得透。有意识地通过训练和引导学生运用全面的思考，思考方面的知识就一定会越来越丰富和完善，可以作为依据的分析信息就一定会越来越充分，提供的信息选择就一定会越来越多元，做出的分析判断就一定会越来越准确。

学生进行课堂实践，以全面信息思考为基本原则，可以有效地帮助学生持续地巩固和激活已有的知识背景和基础知识，不断完善知识的系统，清晰了知识的来龙去脉，有利于逻辑地去进行思考和做出判断，对学生思考的对象也加以引导、拓展、整理，使得断层的、隐藏的、局部的学生思维逐步地趋向于连续、明显、整体。

例 5：（1）已知 $|x-3|=4$，求 x；

（2）已知 $|x-3|=|x+5|$，求 x；

（3）已知 $|x-3|-|x+5|=3$，求 x。

思路分析：（1）当看到 $|x-3|$ 时，大部分学生会直接判断为 $x-3$ 的绝对值，而全面思考要求联想到绝对值的几何意义：数轴上表示 x 的点到表示 3 的点的距离为 4，因此到表示 3 的点距离的点有两个，右边比 3 大 4 为 7，左边比 3 小 4 是 -1。这里体现了数形结合和转化划归的思想方法。

从 $|x-3|=4$，代数意义思考，可以得到 $x-3=4$ 或 $x-3=-4$，然后解方程。或者当 $x-3\geqslant 0$ 时，$x-3=4$；当 $x-3<0$ 时，$x-3=-4$。这里把 $x-3$ 看作一个整体，同时体现了分类讨论和转化划归的数学思想方法。

第一小题的绝对值方程是一种最简单的形式，可以拓展延伸到其他复杂形式。

（2）当 $|x-3|=|x+5|$ 时，用代数方法：利用两数绝对值相等，两数相等或互为相反数，即 $x-3=x+5$，或 $x-3+x+5=0$。用几何方法：求到 3 和 -5 两点距离相等的点表示的数，即求两点的中点 $x=\dfrac{-5+3}{2}=1$。

（3）当 $|x-3|-|x+5|=3$ 时，明显用几何方法显得比较复杂，用代数方法考虑 $x-3$ 和 $x+5$ 的符号进行分类讨论，两式符号分类可分为：正正、正负、负正、负负四种情况，结合不等式组的性质可以知道正负、负正之中只有一种成立，利用数轴可以更加清楚地观察到，如图 14。

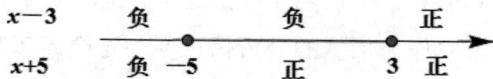

图 14

可以分为三类：$x\leqslant -5$；$-5<x<3$；$x>3$。方程分别转化为：①$(3-x)-(-x-5)=4$；②$(3-x)-(x+5)=4$；③$(x-3)-(x+5)=4$。

三、课堂实践的反思

课堂实践是基础教育培养和提高学生素养的重要主渠道。培养和优化学生课堂实践教学能力是培养和发展基础教育学生的素养的重中之重，是当前基础教育学科课堂实践教学改革的一个基本要求和发展趋势。[1]

精准设定目标，切实把握，不断优化课堂，为打造优质课堂实践指出了理论探索和实践突破的方向和思路。[2]通过对课堂实践的优化，学生能在教师的引导下敢于、乐于并较好地解答所提的问题，让学生成为课堂的主体。

此外，教师通过对问题的设计正确及有效的使用，能够有效地鼓励教师引导学生主动地参与有效课堂、积极思考和创造性地解答课堂中的问题，以此方式来有效培养和提高学生的核心素养。

[1] 李芳. 立足核心素养深耕高效课堂 [J]. 科教文汇，2019（18）：128–129.

[2] 刘金明. 发展核心素养，打造"理想课堂" [J]. 科教导刊，2020（6）：181–182.

趣味数学：从基础到思维

诸暨市店口镇湄池初中　顾雪春

"中国学生发展核心素养"简称为核心素养，主要指的是学生要具有的能够顺应终身发展和社会发展的必要品质。在数学教学体系中，初中数学有着承上启下的作用，不仅仅是对小学阶段数学的归纳与总结，同时更涉及高层次的知识。在初中数学学习中，学生需要学习一定的数学基础知识，也要逐渐地形成个人的数学思维；学生需要具体的学科知识，更需要掌握一定的知识应用能力。因此，我们发现，在初中数学中加强学生的核心素养就显得更加重要。

在新课改要求下数学教师应当调整培养方法，突出学生在课堂中的主体地位，不断提高学生在课堂上的参与度，夯实学生的数学知识基础，培养学生理论联系实际的能力，营造开放式的课堂氛围，提高学生的综合素质，从而促进学生的全面发展。本文从初中数学核心素养的教学实践出发进行方法探究。

一、夯实基础，创新方式

初中生处于懵懵懂懂的年纪，对很多的概念没有体验，且由于数学知识的非系统化，学科素养和思维能力都有所欠缺。学生的思维状态表现了教师课堂教学水平的优劣，能在课堂上让每个学生都积极思考非常不容易。教师在备课时，应该认真研究如何引发学生思考、怎样为学生提供问题情境。在教授浙教版七年级上册第六章第一节"几何图形"时，笔者将全班学生分成了六个小组，每个小组准备一块画有几何图形的牌子和一个百宝箱，将组别称为"正方形组""三角形组"等，使学生能够快速回忆起小学学过的图形，并让学生举牌回答问题，然后开始让学生从箱子中取出物品自己动手折叠去观察：从百宝箱的实物中可抽象出什么样的数学图形，进而对学生找到的图形进行分类，让学生自主分辨，根据图形面的区别来引出平面图形和立体图形的定义。学生受传统课堂的影响，对这样的小组式学习感到非常新奇，在课堂中能够集中精力，认真思考。又如在教授七年级下册新课"分式"的时候，我给同学们出示了一个 PPT，一棵树上结了很多个苹果，这些苹果代表一个个的整式，笔者让学生自主选择两个分式，并将其写成两个整式相除的形式，在探讨的过程中我发现一个特点：尽管老师把整式"0"设置成那个最大的苹果，却没有一个学生去选"0"的整式。学生的回答也让我感受到其实学生学习也是很细心的，他们怕选出之后分母为 0 导致无意义，从而这节课讲分式的目的性也就明确了，构造分式时分母中的字母必须使分母不为 0，这样的讲解也加深了学生的印象。在学生学习的过程中，教师应当注重对基础知识的讲解，改进教学方式，将以往的"满堂灌""教师讲，学生听"的模式，变成对学生进行启发式、引导式的课堂模式，使学生能够主动地进行探索，有利于学生核心素养的提高。

二、培养兴趣，引导学生自主解决问题

课堂教学问题，指的是学生迫切希望获得解答的关于教学内容的疑问。问题提出后，给予学生自主思考时间，不急于去"揭露谜底"，免得让学生失去独立思考的机会，并且要努力将那些无趣、抽象内容设计成有吸引力、易于学生接受的问题，引发学生去思索。如上文中，在学生理解两类图形的区别后，教师从百宝箱中取出一根串有珠子的链子，问学生：老师手中这一串链子，大家想到什么图形？这一环节大部分学生能回答出"线"的概念，这里则可以利用手中的链子，及时指出线有直线和曲线之分。又问：如果我们

忽略珠子的大小呢？则链子又可以看作什么？学生能够非常容易地走进教师设置的答案中，从而引出几何图形的四大要素"点、线、面、体"，也能够为接下去课堂"点运动成线，线运动成面，面运动成体"做好铺垫。又例如，在学习浙教版八年级下"反比例函数"定义这一新课时，引导学生列完四个实例解析式之后，笔者设计了一个表格（表1）。

表1

$s=60t$　　　　$L=4a$	$y=\dfrac{500}{x}$　　　　$v=\dfrac{1660}{t}$
$\dfrac{s}{t}=60$　　　　$\dfrac{L}{a}=4$ 两个变量的比值是一个常数	$xy=500$，　　　　$vt=1660$ 两个变量的乘积是一个常数
两个变量成正比例	两个变量成反比例
正比例函数 $y=kx$	反比例函数 $y=\dfrac{k}{x}$

通过比较的方法，清晰地阐述正比例函数和反比例函数本质的区别，学生也非常容易接受。

三、趣味教学，思维培养

学生探索知识的思维过程是从解难中开始的，并在解难中得到发展，因此，教师应注重趣味教学，重点突出学生思维的培养。例如学生在已经掌握几何图形的四大要素后，笔者播放一些生活实例，并且给每个小组两副七巧板让大家进行自主拼组，学生动脑思考，动手表达，探索新路，寻找规律，始终以学生为主体，让学生参与探索整个过程，培养学生多角度分析研究问题的习惯和能力。又例如在对七年级同底数幂乘法公式的学习中，学生解 $10^3 \times 10^2 \times 10^5$，这道题时出现了错误，经过前面的推理，两个同底数幂相乘可以解决，那么三个同底数幂相乘呢？这个时候我们可以利用乘法的先后顺序，将其转化为"两次"同底数幂的乘法，从而得出多个同底数幂相乘的规律，即：$a^m \cdot a^n \cdot a^p \cdots a^q = a^{m+n+p+\cdots+q}$，将问题由复杂转为简单。又如：学生在处理不同底数的幂相乘负号的时候出现了问题，如 $(-3)^3 \cdot 3^2$，考虑到 $(-3)^3 = -3^3$，我们将其转化为同底数幂 $-3^3 \cdot 3^2 = -3^5$，从而得到答案；或者利用符号的法则去解决。那么类似于 $(a-b)^5 \cdot (b-a)^2$ ，这样的题，也就可以迎刃而解了。整个过程让学生自己进行分析总结，学生既能收获成功的喜悦，又丰富自己的创新意识，也提高了自己的学习积极性，在以后的学习中创新能力会进一步增强。我们称这种思考与处理问题的方法叫类比法。数学上的类比是指依据两类数学对象的相似性，将已知的一类数学对象的性质迁移到另一类未知的对象上的一种合理假设。在教学中适当地向学生传授这一方法，可以培养学生分析问题和解决问题的能力，同时帮助学生巩固旧知识，达到温故而知新的效果。

四、借助多媒体，实现数字化

在互联网越来越发达的环境下，信息技术可以逐步渗透到教育中来。如教师让学生利用七巧板进行小组拼组的时候，可以用多媒体及时将同学们的图形反馈到电脑上，让同学们都能看到不同组同学的智慧，也可利用多媒体构建立体图形框架，让学生能够从实物中抽象出具体形状。

五、科学合理的课堂评价

教师对学生进行课堂评价是课堂教学中的一项重要组成部分，在学生出现解题错误时，教师可以引导学生及时进行自我评价，找出问题之源；或通过学生之间的相互评价，互相帮助改正。这是对学生阶段性学习的一种反馈检验，也是学生自我调控的依据。在此过程中学生还能锻炼自己的交流与合作能力，让学生及时认识到错误的知识点，同时也是学生自我总结归纳的过程，对于进一步提高学生的自我认知和核心素养都有重要作用。

初中数学作为培养学生核心素养的一个重要基地，对中学生核心素养培养有着非常重要的意义。时代不断发展的同时，学生的核心素养内涵也在不断地丰富和发展。因此，积极探索初中数学核心素养培养具有很大的必要性，期待更多人的支持并探索核心素养在未来漫长的发展之旅。

互动教学：借预习探高效

诸暨市明诚初级中学　周洁

"学要学什么、怎么学？""教要教什么、怎样教？"这是广大师生一直在寻求解决的问题。当我们片面地把教学理解为"师生双边活动的过程"，把师生互动一次一次置顶高处时，却冷落了合作学习中最具潜力的"互动"——"生生"互动。事实证明，课堂上的生生互动，有利于提高学生学习的主动性和积极性，有利于提高学生收集信息的能力和分析信息的能力，有利于培养学生的协作精神和创新精神。在落实素质教育、培养学生的创造力和合作精神的今天，课堂教学需要更多生生互动的内容。

预习是高效课堂的突破口。借助预习后的生生互动，有利于提高学生学习的主动性和积极性，培养学生的协作精神和创新精神，同时使预习在课堂中及时得到评价与反馈，使整堂课变得充实高效。

一、循序渐进，养成预习思维

学是核心，案是设计，预习案的设计很重要。教会学生预习，犹如教会孩子走路，需要有一个适应过程，最终的目的是帮助学生学会预习。

预习案的设置要求：分层次，题目典型，先"温故"，并且有一定的学习方法指导。笔者结合教学实践，就"阅书练题型""按部就班型""条条框框型""回答提问型"等预习案进行展开。

（一）阅书练题型

"阅书练题型"顾名思义就是看看书，做做题。首先为了使学生在心理上形成和接受预习理念，选择从课本预习入手。通过"看书本新课，做课后习题"，使学生初步领会到先做后学的好处。在每天的作业中布置一个新课的必做题，以督促学生的自觉性。兴趣是最好的老师，学生有兴趣后，预习的开展才能更加有效。

在教授浙教版数学七年级上册 5.3.1 一元一次方程的解法时，布置一个上课时个别回答的习题：构造一个以 2 为根的关于 x 的一元一次方程。

上述预习案的设计虽短小，但却是能让学生够得着的，且不会增加过多学业负担的小题，主要是为了考查学生是否自觉，认认真真地看过课本。这样的设计可以帮助学生自觉养成读书并思考的习惯。

（二）按部就班型

学生心理上接受后，预习案适时出现，为学生提供预习的方法支持。"按部就班型"为的就是做好书本与预习纸的过渡。"按部就班型"预习案将新课中所要讲的问题都呈现在预习纸上，引导学生去课本中寻找答案。预习案中非常详细地罗列了一些知识点及问题。

浙教版数学七年级下册"6.1.1 数据的收集与整理"：

一、找一找

1. 数据的收集可以通过直接观察、＿＿＿＿＿、＿＿＿＿＿ 和实验等手段得到；也可以通过查阅文献资料，使用 ＿＿＿＿＿ 查询等间接途径得到。

2. 整理数据的方法有 ＿＿＿＿＿、＿＿＿＿＿。

3. ＿＿＿＿＿、＿＿＿＿＿ 可以将原来数量繁多、无序的数据简化、有序化。

4. 在数据的收集时，我们首先要确定 ＿＿＿＿＿＿＿＿＿，其次决定 ＿＿＿＿＿＿＿。

二、想一想

1. 书本 p142 中的表格是通过 ＿＿＿＿＿＿＿＿＿ 收集得到的。

2. 学生体重、身高数据收集的方法：＿＿＿＿＿＿＿＿＿。

3. 要了解班级中同学们喜欢的体育项目的数据收集方法为 ＿＿＿＿＿＿。

4. 了解物质中各种成分含量的数据收集方法为 ＿＿＿＿＿＿＿。

5. 神舟六号飞船发射成功，你想了解神六的有关数据，可通过 ＿＿＿＿＿＿ 收集。

6. 想了解祖冲之这位伟大的数学家的生平，这些数据可通过 ＿＿＿＿＿＿ 收集。

三、做一做

例 1：测得某个班级 20 名同学的身高数据如下（单位 cm）。

……

自我总结：＿＿＿＿＿＿＿＿＿＿＿＿＿＿＿＿＿＿＿＿＿

上述预习案的设计主要是为了让学生学会找寻书本中的新知识点，并会在下面的例题里尝试使用，这也符合学生刚刚才接触预习案的认知水平。若是预习案一开头就问本堂课有什么知识点之类的问题，学生根本无法下手。

（三）条条框框型

当"按部就班型"进行一段时间后，对于某些小细节，学生已形成习惯，"条条框框型"对此进行改进，旨在突出方法的引导性。学生需要自己寻找和解决的知识点变得多起来。

浙教版数学九年级下册"2.2 切线长定理"：

一、知识回顾

1. 直线与圆相切的判定定理：经过 _____ 并且 _____ 是圆的切线。

2. 切线的两种证明方法：_____，_____；_____，_____。

3. 圆的切线的性质：经过 _____。

……

例题

……

六、理一理

新课知识：1. _____　　2. _____

学习重点：_____

学习难点：_____

　　上述预习案的设计主要是改进"按部就班型"的过于详细，开始出现简化模式，引导学生开始自主性地学习，渐渐形成自身的预习方式。这里选用填空式的方法，引导学生尝试发现新知识。

（四）回答提问型

　　学生在"条条框框型"预习案练习一段时间后，对知识点有了一些认识，但对于重难点的寻找还是比较迷茫，"回答提问型"主要就是为了帮助学生形成对当堂课重难点的一个认识，此时学生开始形成自我预习意识。

　　浙教版九年级下册"3.4.1 简单几何体的表面展开图"：

一、知识回顾

1. 投影的类别。分别指出正方体、圆柱、圆锥、棱锥、球体的左视图、右视图，主视图。

2. 有没有三视图一样的几何体？

二、剪一剪

把立方体纸盒沿着某些棱剪开，且使六个面连在一起，然后铺平，把你所得到的图形画出来，数一数剪了几刀？

剪的过程中，是不是出现过失败的情况？分析一下原因是什么？

你还能想出别的剪法吗？并和小组的同学比一比，有何异同？把小组中的减法归归类，看看哪一小组最多！

三、找一找

本堂新课见到了哪些新知识？同组成员间比一比，最后看哪一小组找得最全。

四、试一试

例一：下面的图形是正方体的平面展开图，如果把它们叠成正方体，哪个字母与哪个字母对应（哪个面与哪个面是对面的）？

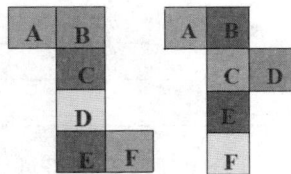

五、理一理

1. 本堂新课预习你理解了哪些知识？

2. 哪些知识点有难度，你理解起来有困难？

3. 把需要小组成员或者老师解答疑惑的写下来。

上述预习案的设计主要是帮助学生进一步梳理知识，通过回答问题，产生进一步思考，进而探讨出本堂新课的知识点，通过例题的习作，形成知识的重难点意识，为接下来的脱离预习案做准备。

二、精设小组，激发生生互动

基于合作学习的生生互动，仅仅是为了追求气氛而缺乏了具体目标内容，借助预习后的生生互动是建立在同一知识水平之上，学生之间相互了解，更能在学生之中产生共鸣，使学生形成对数学的愉悦感，从而提高课堂效率。预习后的课堂，师生间的评价与反馈变得更及时，课堂也变得更充实高效。这也契合"学为中心"的教育理念。

以下就是生生互动的激发及最终生成的阶段步骤。

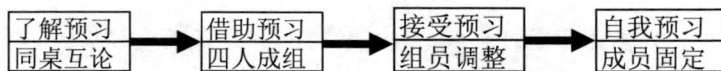

| 了解预习 同桌互论 | → | 借助预习 四人成组 | → | 接受预习 组员调整 | → | 自我预习 成员固定 |

（一）了解预习，同桌互动

生生互动的起始阶段，先让学生从"看书本新课，做课后习题"入手，逐步形成预习概念，取得学生对于预习的心理支持。学生对于课堂上的探讨还比较陌生，也比较拘束，因此生生互动的组成形式在一开始，以同桌为主，可以消减学生对于讨论的恐惧与害羞，可以尝试讨论。

此过程的意义在于学生意识到预习的好处：从原来的上课听不懂，越来越听不进去，变成针对性地听课，并且开始有所听懂。从同桌开始的生生互动，同样取得了学生的心理支持，生与生之间比较熟悉，这对部分内向的学生来说，利于互动交流的形成。这样的方式为生生互动的进行开了好头。

（二）借组预习，四人成组

生生互动的第二步，预习案为学生提供预习的方法支持。预习案第一版是"按部就班型"。将新课中所要做的问题全部呈现在预习纸上。在一段时间的同桌讨论后，学生发现有些问题同桌两人解决不了，需要有更多的同学一起参与。此时开始真正组成小组，采用前后四人的小组形式。

此过程的意义在于学生通过预习课本、做课后习题后，意识到预习的不全面性。不仅如此，学生已做出抄袭教辅资料来完成课后习题的行为。此时预习案的出现非常及时和必要。预习案既避免了抄袭行为，也使学生意识到预习的不同方式。同桌的交流毕竟有限，四人小组也就顺理成章地成为生生互动的新形式。

（三）接受预习，组员调整

预习案第二版是"条条框框型"。旨在突出方法的引导性。四人小组的探讨也出现了新的问题，有些组特别优秀，而有些组较弱，因此将四人小组重新分配，改进前后四人小组的弊端，由优生、中等生、后进生组成，旨在形成帮带作用。

此过程的意义在于四人小组由优生、中等生、后进生组成后，可组内解决简单问题，并且后进生得到更加有针对性的帮助。在四人小组中，将优生聘为师父，举行拜师仪式，每周选出最优秀师父，与最不上进徒弟，进行一定的奖罚。这极大地促进生生互动的进行，生生互动进入"活跃期"。

（四）自我预习，成员固定

预习案第三版是"回答提问型"，此时学生开始形成自我预习意识。四人小组可以变动，选择组成优生组、后进生组，帮带形式组中的一种。

在"回答提问型"预习案进行一段时间后，教师不再给学生提供预习案或极少提供，由学生自己根据前期的学习经验，预习课堂内容。并且此时全班基本固定下最合适的小组成员。

注：生生互动的讨论形式。

a. 预习案的互批，评出最优预习案张贴表扬。

b. 师徒结对，帮教形式，每周评出最尽责师父加分鼓励。

c. 小组间互比，捆绑式的奖罚方式。

三、勤思多记，促成教学相长

设计预习案的意义在于促成学生对于预习的自我体会与形成，化被动为主动。回答提问型更多的是给了学生一个方向。在最后一段时期提供预习案时，回答提问型作为参考，帮助学生预习顺利进行。四人小组成员的互选，体现了学生的自主性，也让学生体会到了新鲜感。成员的最后固定也可以"稳定军心"，提高生生互动的课堂效率。生生互动进入稳定期。

生生互动的前提是教师要学会"闭嘴"，学会等待，学会相信学生。预习案的设计要安排合理，有一定的层次，这就需要教师提高自身的教育教学业务水平，不断学习和完善自己。教师要把教学中的绝大部分精力花在预习案的设计上，备学情，备学法。教师就需要在平时工作中勤于思考，多写反思，善于总结，乐于改进。

设计预习案需要教师紧跟课堂教学中碰撞出的各种火花来进行迭代，不同班级、不同届学生预习案均有不同，虽改动不大，但细节处见真章。教师应该根据学生的不同特点设计预习案，甚至在重点章节，可设计不同层次的学生的预习案，还有每人不同的预习个案。同时一段时间后，学有余力的学生可以自己设计预习案，甚至是帮自己的徒弟设计，还可以以小组为单位，帮全班设计某个课时的预习案。教师设计的预习案，学生可以给予点评和反馈，学生设计的预习案可以得到大家和老师的点评反馈，这样的学习模式可以大大激发学生学习兴趣，同时增进学生课堂参与度，教学相长的课堂氛围逐渐形成。

"引而不发"，"略启其端，使学者深思而自得之"。这是一种境界，也是一种追求。高效课堂的形成，不会一蹴而就，需要时间、需要方法。借助预习下的生生互动，避免了"诲尔谆谆，听我藐藐"的尴尬，多了聚精会神、深思自知的课堂氛围，使课堂变得高效。

数学建模：从构建到应用

诸暨市浣江初级中学　宣寅

《义务教育数学课程标准（2011年版）》明确将数感、符号意识、空间观念、几何直观、数据分析观念、运算能力、推理能力、模型思想、应用意识和创新意识等视为数学的十大核心素养。[1]在此基础上，进一步可提炼为数学抽象、逻辑推理、数学建模、直观想象、数学运算、数据分析等。而其中，最重要、最本质的是抽象、推理、模型。[2]而在我们平常的数学教学实践中发现现在的学生最欠缺的是如何把我们所学的数学知识和方法转化为解决实际问题的能力，从而导致学生对"数学是来自于生活又服务于生活"这句话感到十分迷茫。其实我觉得，学生会出现这种情况的本质就是缺乏数学中的建模能力。下面以浙教版九年级上第一章"1.4 二次函数的应用"的教学设计为例，谈谈在初中数学中如何培养学生以数学建模为主要内容的核心素养问题。

一、二次函数的简单应用教学过程及设计意图

　　二次函数是描述现实世界变量之间关系的又一重要模型，是解决某些最优化问题的常用手段，二次函数的图像——抛物线在生活中大量存在并被广泛应用。同时，二次函数作为一类基本初等函数与七年级的"代数式"八年

[1] 中华人民共和国教育部，义务教育数学课程标准（2011年版）。

[2] 史宁中．数学思想概论 [M]．长春：东北师范大学出版社，2009：2．

级的"一次函数""反比例函数"以及九年级下的"三角函数"共同构成的初中阶段函数学习的知识体系，对它的学习将逐步完善学生研究数量关系的方法，促进数感与符号感，为解决实际问题提供了多样化的策略，也为日后高中以及大学的学习打下坚实的基础。而本节课的重点就是利用二次函数的知识对现实问题进行数学分析，难点就是利用数学模型来表示问题和解决生活实际问题。

（一）情引入境

回顾复习二次函数的概念、图像以及性质，结合学生实际使学生猜测二次函数在生活中有哪些简单的应用，最后通过学生熟悉的图片利用多媒体展示激发学生学习的热情、求知欲望。

设计意图：课前复习，激活原有的认知，同时通过列举学生熟悉的图片，让学生能感受和理解我们的数学真的是来自于生活，并为接下去所学知识做好铺垫，有助于更顺利地引出目标。

（二）探索新知

为了更顺利地让学生能够利用二次函数的表达式解决简单的实际问题，经历利用建立二次函数模型分析解决实际问题的过程，积累用函数模型解决问题的经验，感受数学在现实生活中的应用价值。在下面的图片中加入具体的二次函数解析式，让学生一起来研究：

问题1：图1是著名篮球运动员科比在湖人与凯尔特人比赛过程中的一次投篮，篮球的运动路线可以看成是抛物线 $y = -\frac{1}{5}x^2 + 3.5$ 的一部分，本次投篮科比要能命中，则他与篮底的距离 L 是（　　　）

A．3.5m　　　　B．4.0m　　　　C．4.5m　　　　D．4.6m

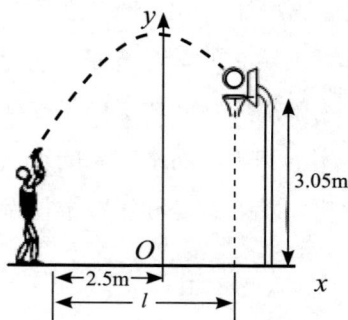

图 1

问题 2：我国最著名的石拱桥赵州桥的桥拱是抛物线型，建立如图 2 所示的平面直角坐标系，其函数表达式为 $y = -\frac{1}{25}x^2$。当水面宽为 30m 时，此时水面离桥拱顶的高度 DO 为（　　　）

A. 9m　　　　　　B. 8m　　　　　　C. 7m　　　　　　D. 6m

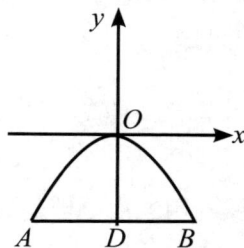

图 2

设计意图：复习了二次函数的性质之后，给出两个二次函数的应用问题，引导学生通过独立思考与合作交流，根据二次函数的表达式，来解决实际问题，为突破难点做好铺垫。

问题 3：某农场拟建一间矩形种牛饲养室，饲养室的一面靠墙（墙足够长），已知计划中的建筑材料可建围墙的总长为 50m。设饲养室长为 xm。占地面积为 ym²。

（1）如图 3，请写出 y 与 x 之间的函数关系式。

（2）饲养室长 x 为多少时，占地面积 y 最大？

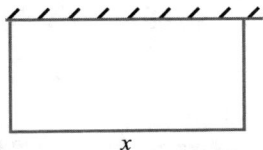

图 3

设计意图：该问题的提出旨在通过生活中常见的实际问题来引导学生感受、体验、构造出二次函数模型并利用二次函数模型来解决相关问题。之前，在学习一元二次方程的应用时涉及过类似的问题，所以此题符合学生原有的认知基础，有利于学生在探究过程中构建二次函数模型，体会二次函数模型思想，感受数学的广泛联系与价值。

变式练习一：如图 4，现要求在图中所示位置留 2m 宽的门，且仍使饲养室的占地面积最大，小敏说"只要饲养室比上题中的长多 2m 就行了"，请你通过计算，判断小敏的说法是否正确？

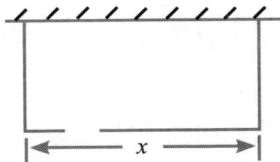

图 4

设计意图：创设这一类似问题目的在于希望通过这样一个过程，努力培养学生用数学的视角、数学的眼光感受世界、发现问题、解决问题，从而形成并夯实学生数学抽象的意识；用数学的语言和方式表达世界，进一步提升数学建模的思维。

（三）巩固提升

问题 4：诸暨茅渚大桥，如图 5，是浦阳江上一座集公路交通和城市景观于一体的中承式钢筋混凝土拱桥，主桥上的桥拱在空中画出一道优美的弧线，远远望去像一弯彩虹横卧在清波之上。大桥上的桥拱是抛物线的一部分，位于桥上方部分的拱高为 18m，跨度为 112m，求距离桥面中心点 28m 处垂直支架的长度。

图 5

设计意图：给出一种开放性问题，引导学生探究，如何建立二次函数模型，如何利用二次函数的模型解决实际问题；先通过学生独立思考，然后合作探究解决问题的方法，最后各组进行方法展示，使不同的学生获得不同的进步与提升。可以预见学生会有多种方法呈现，建立不同的坐标系能得出不同的二次函数解析式，这时应引导学生分析、总结出最简单、最有效得出答案的方法。这样一方面是为了突破难点，另一方面是考虑到学生的认知心理，也是为了及时巩固、强化建模思想。

变式练习：如图 6，是我们诸暨的耀江隧道，是一抛物线型双向行驶的隧道（两边宽度相同），地面宽 8m，顶部离地面高度为 3.2m，现有一辆载满货物的汽车欲通过这一隧道，货物顶点距离地面 2.5m，装货宽度为 2m，请通过计算，判断这辆汽车能否顺利通过隧道？

图 6

设计意图：通过变式，使学生能进一步体会数学建模的思想并学会分析不同的建模方法解决问题的难易程度也不相同，这样就能进一步突破重难点，为后续的学习打下坚实的基础。

通过这一系列的问题与变式练习，使学生明白二次函数这一模型可以被赋予多个不同的实际背景，也就是说，同一函数模型可以有十分丰富的实际背景。从学生熟知的实际问题中抽象出数学问题，要学生在经历有关知识解决实际问题的过程中，逐步培养和提升数学思维和推理能力。同时也对学生提出了更高的思维要求，进一步体会和感受数学的抽象和数学建模思想在实际情境中的价值，努力使学生感受到数学来自于生活又服务于生活的含义。

（四）归纳与小结

本节课我们探究了哪些问题？你还有哪些疑惑？你能用自己独特的眼光去发现我们身边的数学吗？

设计意图：通过课堂总结，让学生简单地回顾本节课的学习方法与技能，针对学情进行适当的补充，体现了师生平等的原则。同时也让学生体会和领悟数学建模思想的重要性，尽可能地将数学学科核心素养的培养贯彻始终。

二、关于数学建模这一核心素养的思考

本节二次函数的简单应用的教学设计中，主要探讨的是如何培养初中学生的数学建模思想，在本人看来数学建模是所有核心素养中最难的，也是目前初中数学最欠缺的一种，一方面作为任课教师舍不得花大量的时间让学生在课堂上进行合作探究，另一方面是现在教育普遍存在的问题就是理论与实践的脱节。而通过建立适当数学模型，能把看似复杂的实际问题获得理想的解决，从而建构起了纯数学王国与外部现实世界的桥梁，全面提升用数学解决实际问题的能力。同时尽可能利用我们身边的乡土文化，这样更能获得学

生的认可。

　　本节课教学设计中的问题一和问题二分别从中学生崇拜的世界篮球巨星科比和从小就在书本中学习过具有爱国主义教育情怀的赵州桥作为实际情景问题出发，给出模型，把实际情景问题抽象出数学问题进行解决，不仅与学生拉近了距离，而且为接下去的问题三、问题四以及问题五做好铺垫，从给出数学模型到自己创建模型铺好台阶，从而使数学建模贯穿本节课的始终。数学建模不仅是要把实际问题抽象成数学问题，再通过数学建模加以解决，而且最重要的应该是学生个体在通过建立模型这一环节时运用数学思维、利用熟悉的工具寻求解决问题的过程，这样就能无形之中提升其数学核心素养，真正做到润物细无声。在学习相似三角形这一章时，在浙教版九上第147页有这样一个问题：要测量校园内一棵大树的高度，假如你是学校的负责人，你能完成这一任务吗？这样的实际问题最能点燃学生学习的热情与兴趣，答案五花八门，有部分同学说请一个爬树厉害的同学带着绳子爬到树顶，然后再测量绳子的长度，但是太危险；也有同学说直接把大树砍了，再测量，等等。其中有部分同学说可以利用一块镜子和一根卷尺就可以了，原来他是利用科学中的入射角等于反射角与本章新学的相似三角形的判定来测量大树的高度的，经过同学这么一提示，结果类似的方法又出现了好多，如利用一根木棒、利用一枚硬币、利用测角仪等，由此可见只要作为教师的我们在平常的生活种多关注我们身边的实际生活情景和本土文化，提出一些学生喜闻乐见的问题，启发学生建立数学模型去解决此类问题，这不仅能提高学生的数学素养，同时也是我们绍兴最近几年中考卷中一个常考的类型。所以，不仅为了应付中考，更为了学生长久发展，培养学生的数学核心素养十分有必要，其中数学建模这一核心素养就显得更为重要了。

几何画板：从抽象到具体

诸暨市江藻初级中学 徐向浣

"几何画板"是一个作图和实现动画的辅助教学软件，用户可以根据教学需要编制出相关的图像和动画过程。[1] 几何画板是适用于数学、平面几何、物理的矢量分析、作图、函数作图的动态几何工具。[2] 其特点是操作简单，界面简洁，可以精确度量长度和角度等，而且在演示过程中可以实时调节图像。[3]

《义务教育数学课程标准（2022 年版）》[4] 提出初中阶段数学核心素养主要表现为抽象能力、运算能力、几何直观、空间观念、推理能力、数据观念、模型观念、应用意识、创新意识。而作为数学核心素养之一的抽象能力，指出数学抽象是指通过对现实世界中数量关系与空间形式的抽象，得到数学的研究对象，形成数学概念、性质、法则和方法的能力。学生对抽象的数学理解起来有一定的困难，因此，我们可以借助几何画板让数学知识化"抽象"为"具体"。那么几何画板到底是怎样活化课堂教学？有何优势？又可以如何应用呢？本文将以浙教版初中数学八年级下册的《三角形的中位线》为例，具体地展示三角形的中位线，从而让学生理解抽象的几何教学。

[1] 凌洁. 几何画板助探究生活化问题促提升 [J]. 成才之路，2020（33）：58–59.

[2] 肖巧荣. 一种初中数学教学用几何绘画板：CN202120393518. 1；UTILITY_MODEL [P]. 2021–02–20.

[3] 凌洁. 几何画板助探究生活化问题促提升 [J]. 成才之路，2020（33）：58–59.

[4] 中华人民共和国教育部制订. 义务教育数学课程标准（2022 版）[S]. 北京：北京师范大学出版社，2022.

一、借助几何画板，动态引入新课

本节课的内容是在学生已学过平行线、全等三角形、平行四边形等知识内容的基础上的应用和深化，在三角形的中位线定理的证明及应用中，让学生经历实验、观察、猜想、归纳，得出结论，然后经推理论证得到定理，最后进行相关的应用，这对发展学生的数学核心素养和发散学生的思维有着积极的意义。[1]

三角形的中位线是连结三角形两边中点的线段，任意一个三角形都是有中位线的，而我们平常上课过程中板书往往只能展示一种类型的三角形，学生的思维就容易受到约束，而几何画板可以进行动态的演示，我们在几何画板中画一个 ΔABC，然后固定边 BC，拖动点 A，分别展示锐角三角形、直角三角形、钝角三角形的中位线，如图 1，让学生可以直观地理解三角形的中位线这一概念。

其次，图 1 中只展示了三角形其中的一条中位线，实际上一个三角形应该有三条中位线，我们同样可以借助几何画板中隐藏和显示这一功能交替展示三角形的三条中位线，如图 2。

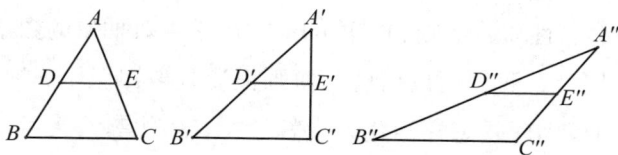

图 1

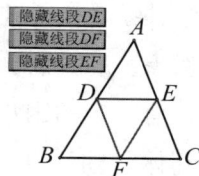

图 2

通过几何画板的动态演示，研究的视角由"静态"到"动态"，由"抽象"到"具体"，使得原本沉闷的几何课堂变得生动有趣，激发了学生的学习兴趣，为下一步探究三角形的中位线定理做铺垫。

---

[1] 潘建明，高如玉. 利用递进性学习活动激发"翻转课堂"活力：以"三角形的中位线"教学为例 [J]. 江苏教育，2018（51）：36–39.

二、借助几何画板，激发探究兴趣

数学核心素养的培养重在提升学生的关键能力和必备品格，这些能力和品格的培育离不开学生在自主、合作、探究学习基础上的深度学习。[1] 那么在探究三角形的中位线这一性质定理时，我们可以分三角形的中位线与第三边的位置关系和数量关系两部分进行探究。

（一）位置关系

首先在几何画板中展示一个 $\triangle ABC$，然后固定边 BC，拖动点 A，形成一系列以边 BC 为第三边的三角形，如图 3，让学生观察三角形的中位线与边 BC 的位置关系。学生应该不难发现三角形的中位线平行于第三边。

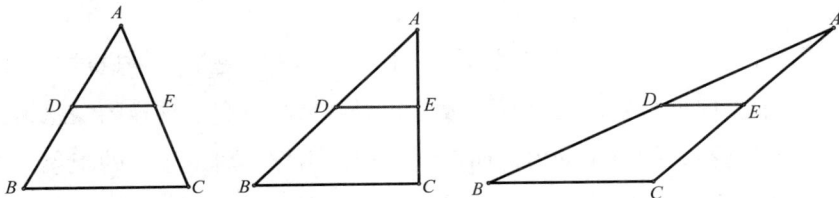

图 3

（二）数量关系

借助几何画板度量中的长度工具，显示出边 BC 的长度，然后同样拖动点 A，动态跟踪中位线 DE 的长度，如图 4，根据显示的这两条线段的长度，学生也能快速地发现三角形的中位线等于第三边的一半。

---

[1] 潘建明，高如玉. 利用递进性学习活动激发"翻转课堂"活力：以"三角形的中位线"教学为例 [J]. 江苏教育，2018（51）：36–39.

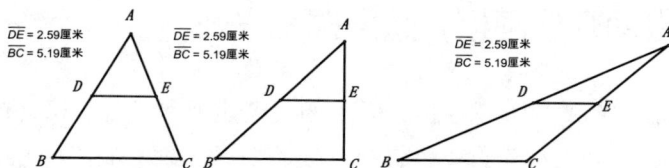

图4

通过几何画板的演示，让学生亲身经历通过观察、实验等方式，发现几何图形中的"变"与"不变"，这会帮助学生更好地掌握并理解该教学内容，但是学生只知其然还不够，更要知其所以然，这就培养了学生的发现问题的能力，也激发了学生的探究兴趣，使得课堂的教学目标更加清晰，课堂教学更加高效，为接下去的性质定理证明做铺垫。

三、借助几何画板，培养探究能力

学生对三角形的中位线定理有了一定的了解，但这毕竟是通过几何画板得到的结果，这个结果是否具有一般意义呢？当学生有了这样的疑惑，就会产生探究问题答案的内驱动力，而教师应积极引导，启发学生的想象，充分调动学生自主探究的积极性，培养学生自主探究的能力，真正实现让课堂"活"起来，让学生"动"起来。

在证明这一性质定理过程中，我们将围绕如何"巧添辅助线"来证明，教材中给出了旋转的证明方法，实则这种方法对学生来说比较抽象，也着实很难想到，因此我们可以借助几何画板动态地演示这一过程，如图5，让学生化"抽象"为"具体"，从而快速地联想到平行四边形的性质，将三角形的中位线定理证明由"难"变"易"。

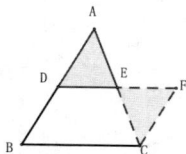

图5

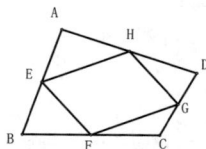

图6

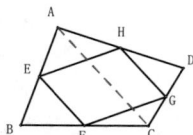

图7

　　然而由几何画板的直观展示，学生又能从中得到另外的证明方法，如：延长 DE 至点 F，使得 EF=DE，然后证明三角形全等，一题多解，这对培养学生发现问题和提出问题的能力有着重要的意义，也能够为学生提供开放性的、多方位的教学，充分展现了课堂的高效性。

四、借助几何画板，解决实际问题

　　教学案例：教材中的一道例题。

　　已知：如图 6，在四边形 ABCD 中，E，F，G，H 分别是 AB，BC，CD，DA 的中点。求证：四边形 EFGH 是平行四边形。

　　显然，在学习了三角形的中位线后，这题的证明变得十分简单，只需连接 AC 如图 7，运用三角形的中位线定理来证明。在学生后续学习了矩形、菱形、正方形这些特殊的平行四边形后，这题又会出现一系列的变式，因此此题在这里是一个铺垫，而我们可以利用几何画板将后续的内容在这里先进行初识。在几何画板中拖动四边形 ABCD 的顶点 A，不断改变四边形 ABCD 的形状大小，让学生观察四边形 EFGH 的形状，是否有可能出现特殊的四边形？显而易见地可以猜想到矩形、菱形、正方形这些图形，这也为后续课程提供了便利，让学生在之后碰到这类题目时，有一定的思考方向，而不是感到迷惘，没有思路。这个问题的展示体现从"一般"到"特殊"这样的一个过程，激发了学生的求知欲，促进学生进行类比。

五、教学后的一些反思

（一）构建高效课堂

　　传统的课堂教学，只能依赖黑板，作一个图形，再进行图形变换的话，信息量非常的有限，效率也比较低。借助几何画板后，课堂教学的内容变得丰富多彩，大量的信息可以瞬间形成，学生也可以直观地感受体会到知识的发生、发展和形成的过程，缩短了大量的教师板书时间，真正提高了课堂的效率，化抽象为具体，降低了学生在学习过程中的难度，活化了课堂教学。

（二）激发学生学习的兴趣

对于农村初中的学生来讲，借助几何画板这样的信息技术，会让他们觉得非常的新鲜，与传统的课堂教学相比，会更加地有魅力，从而激发学生学习的兴趣，会随着几何画板的动态演示，让自己的大脑也随之灵动起来，将原本枯燥乏味的数学课，变得生动有趣。

（三）发展学生核心素养

作为数学核心素养之一的数学抽象，学生理解起来有一定的困难，借助几何画板等信息技术手段，是可以化"抽象"为"具体"的，也体现了直观想象的核心素养。几何画板除了本文中提到的应用于几何教学以外，还可以应用到函数的教学过程中，从而培养学生数学建模、数据分析等核心素养，做到全面发展学生核心素养。

总而言之，在信息时代的今天，我们应该借助几何画板辅助教学，直观地、多样地、生动有趣地来调动学生学习的积极性，拓展学生的视野，让学生主动参与到数学知识的发现、解决、应用等过程中来，发挥学生的主体地位，不断提高课堂教学的高效性，真正地活化课堂教学，使得学生的数学核心素养得到全面的发展。

从探讨到研究：以"当平行线遇到三角板"课堂教学为例

诸暨市浣江初级中学　何思瑾

新课标要求，"有效的教学活动不能单纯地依靠模仿与记忆，动手实践、自主探索与合作交流是学生学习数学的重要方式"[1]。在课堂中展开有效的教学活动，学生通过动手实践解决困难问题，不仅能架起理论知识与解决实际问题的桥梁，还能拓展学生的创造性思维，提高学生的主观能动性。基于此，笔者将以执教的"当平行线遇到三角板"为例，浅谈如何优化几何教学，落实核心素养。现将主要教学环节以及相关分析呈现如下。

一、内容分析

本节课是平行线的复习拓展课。平行线是基本的几何图形之一，涵盖了丰富的几何性质定理及判定定理，是学生真正解决几何问题的开始。三角板是常见的数学工具，以三角板为背景进行命题是近几年中考的热点。将三角板与平行线相结合，在解题中复习回顾旧知，实现将知识系统化。让学生在动态的情境中探索问题，寻找本质，在温故的基础上知新，培养学生探索能力与创新思维，落实直观想象和逻辑推理素养的培养。

在此之前，学生已经系统学习了角度的计算、"三线八角"、平行线的性质等内容，并初步掌握了一些几何图形的研究方法，积累了一定的活动经验，

---

[1] 高友. 新课程背景下数学教师教育观念的研究 (D). 四川师范大学，2007.

为本节课的学习奠定了基础。学生已经能解决大多简单的求角度的问题，但没有系统的方法，因此需要教师引导学生对方法进行总结与归纳。动态问题对初一学生来说难度较大，而动手转动三角板既激发了学生的学习兴趣，又将抽象的问题变得形象，从而突破难点。

二、教学目标

1. 复习巩固平行线的性质，能运用性质进行角度的转化。

2. 让学生通过动手实践解决动态背景下的难题，激发学生的学习兴趣。

3. 在教学中根据已知角与所求角是否共顶点，用对应方法计算角度，从而培养学生总结归纳的能力。

4. 通过有效的小组合作的方式，实现真探究，让学生作为学习的主体，培养学生的创新意识和实践能力。

三、教学重、难点

教学重点：根据已知角和所求角是否共顶点，采用不同的方法计算角度。

教学难点：将问题放在动态的背景下计算角度，并要进行多种情况的分类讨论。本教学设计根据生活中的数学——平行线与三角板入手，设置悬念，激发学生的学习兴趣。在动态问题中，引导学生动手操作，转动三角板，将抽象的问题变得形象，从而突破难点。用两种颜色的卡纸制作三角板道具，使图形更加直观明了。

四、教学过程

（一）复习回顾，计算角度

教师引导学生对平行线的性质以及三角板的度数进行简单回顾。

问题1：如图1，若将一块三角板按如图所示的方式放置，$AB/\!/CD$，$\angle GEF = 30°$，$\angle 1 = 52°$，则$\angle 2$的度数为 _____，$\angle 3$的度数为 _____。

教师：所求角$\angle 2$与$\angle 1$是共顶点的角，往往可以利用角的和差来计算。$\angle 3$与已知角$\angle 1$不共顶点，利用平行线的性质转化为两个共顶点的角，再根据三角形内角的度数，求出角度。

问题2：如图2，直尺的一条边经过一个含$45°$角的三角板的直角顶点，直尺的一组对边分别与三角尺的两边相交，若$\angle 1 = 30°$，则$\angle 2$的度数是 _____。

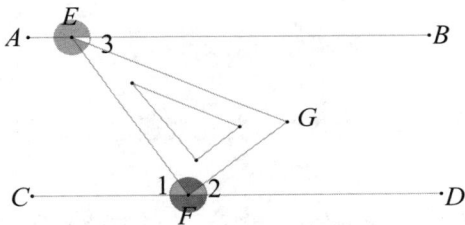

图1

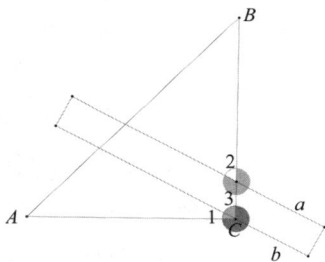

图2

教师：若将直尺与三角板换个位置摆放，使平行线"穿越"三角板的两边，又该如何求角的度数？

问题3：如图3，将一块三角板叠放在直尺上，若$\angle 1 = 25°$，则$\angle 2$的度数为 _____。

教师：利用平行线的性质，将$\angle 1$与$\angle 2$都转化到$\triangle ACB$或$\triangle AEF$中，根据三角形内角和为$180°$求出结果。

问题4：如图4，已知直线$l_1/\!/l_2$，一块含$30°$角的直角三角板如图所示放置，$\angle 1 = 35°$，则$\angle 2$等于 _____。

学生1：（图5）过点B作l_1的平行线，根据平行线的性质得到$\angle ABC = \angle 1 + \angle 2$。

学生2：（图6）延长CB交l_2于点D，则$\angle ADB = \angle 1 = 35°$，$\angle ABD = 120°$。由三角形的内角和求得$\angle 2$。

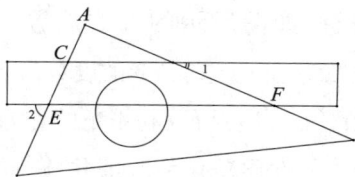

图3

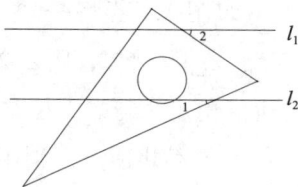

图4

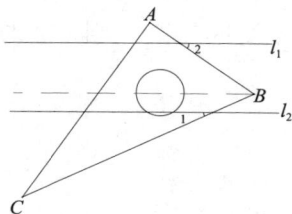

图5

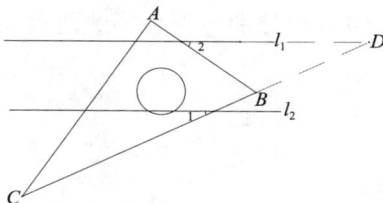

图6

教师：当这组平行线没有被第三条直线所截时，首先要通过添加辅助线构成"三线八角"模型。

教师小结：通过练习，在这一类角度计算的问题中，若已知角与所求角是共顶点的角，往往利用角的和差计算。若要研究不同顶点的角，往往要用到平行线的性质。当平行线没有被第三条直线所截时，可以通过添平行线、延长等辅助线做法，再利用性质进行角的转化，接下来利用三角形的内角和进行计算。

教学说明：用生活中常见的数学元素——平行线与三角板，导入新课，引出课题，激发学生的学习兴趣。置两道典型例题与变式，让学生在做题过程中对平行线的性质进行回顾，达到"温故"的目的。[1] 在每个习题后，教师引导学生进行方法的归纳，对这一类角度计算的问题形成系统的解题思路，达到"知新"的效果。

---

[1] 郭惠芬. 直尺·三角板·中考题 [J]. 中学生数理化（八年级数学），2015(7):29–30.

（二）思考探究，一题多解

问题 5：如图 7，已知 $a // b$，将一副三角板按图 7 所示放置在两条平行线之间，则 ∠1 的度数为 _____。

教师：将一块三角板变为两块三角板，如图 7 所示放置在两条平行线之间，求 ∠1 的度数。你有哪些办法？

学生 3：（图 8）通过延长，得到 ∠4=30°，计算出 ∠3=60°，根据 ∠2=45°，故 ∠1=180°- ∠2- ∠3=75°。

学生 4：（图 9）通过添加第三条平行线，得到 ∠3 的度数，接下去与同学 3 一样求出 ∠1.

学生 5：（图 10）过点 A 作直线 b 的垂线，得到 ∠4=90° 且 ∠2=60°，∠3=135°，根据四边形内角和为 360°，求得 ∠1 的度数。

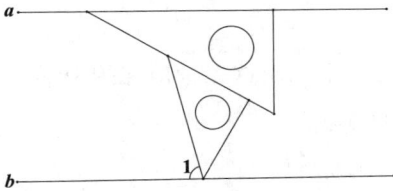

图 7

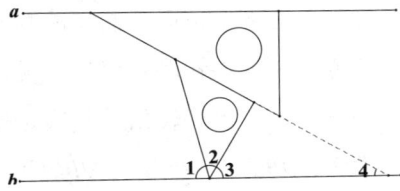

图 8

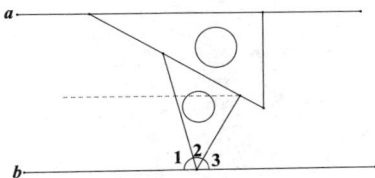

图 9

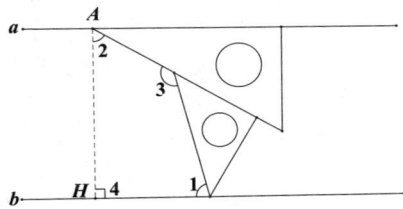

图 10

教学说明：在教师总结解决这类问题的方法后，加大难度，对题目进行变式，环环相扣，帮助学生进一步对知识方法进行落实。本环节由多位学生上台展示，一题多解，开拓学生思维，并为接下去的动态问题提供知识储备。

（三）动手操作，突破难点

问题6：一副三角板按图11所示叠放在一起，若固定△AOB，将△ACD绕着公共顶点A，按顺时针方向旋转α度（0°＜α＜180°），当△ACD的一边与OB平行时，相应的旋转角α的值是_____。

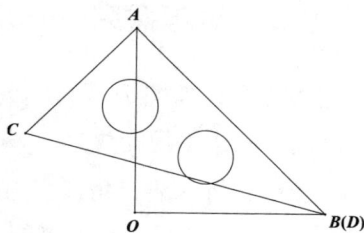

图11

教师：题目中旋转的是触手可及的工具——三角板，不妨动手实践，转动三角板，让抽象的问题变得形象。

教师在黑板固定卡纸所制的△AOB，将△ACD绕着公共顶点A旋转。学生观察在整个过程中，△ACD的哪一边会与OB平行。

教师：共有哪几种情况？

学生6：OB//AC，OB//CD，OB//AD。

教师：接下来请同学们完成两个任务。

任务一：动手转动两块三角板，在学习单上画出这三种情况的图形

任务二：找出旋转角α其实是哪个角的度数。

学生：OB//AC   OB//CD   OB//AD。

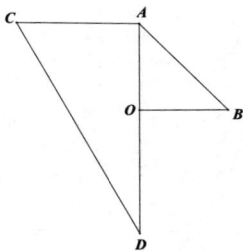

图12

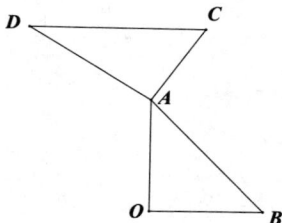

图13

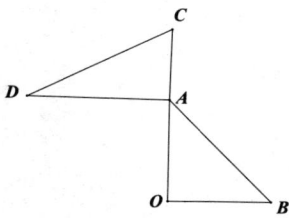

图14

教师小结：要解决这样的动态问题，第一步要画出图形，第二步找出旋转角，最后利用前面总结的方法，计算对应角度。

教学说明：动态问题是学生学习的难点，而引导学生动手操作、大胆实践，可以把抽象的问题变得具体，帮助学生参与和体验数学，激发对数学的

兴趣，轻松突破难点，将其转化为求静态的角度，又是一次对前面总结方法的应用。解决本题后进行回顾总结，教师帮助学生提炼方法，使他们获得解决这类动态问题的方法与经验，实现低阶思维向高阶思维的转变。

（四）小组合作，探究变式

问题7：一副三角板按如图所示叠放在一起，若固定△AOB，将△ACD绕着公共顶点A，按顺时针方向旋转α度（0° < α < 180°），当△ACD的一边与△AOB的某一边平行时，相应的旋转角α的值为 ＿＿＿＿＿＿＿＿＿.

教师：接下来以四人为一组，进行小组合作探究。每组要分配好各自的任务，并在学习单上（表1）填好对应组员的姓名。

一人分析，分析本题与原题的联系与区别，要分几种情况讨论。

一人操作，转动三角板，找出符合要求的位置。

一人记录，记录分析结果、图形等内容。

最后请一位同学汇报小组成果。

表1

小组合作探究				
组长	组员			
	分析	操作	记录	汇报

学生7：首先展示小组分工。原题是变式中的一种，所以α可以为45°，135°，165°。变式不一样的地方在于，还可以是AO//CD（图15），AB//CD（图16）。

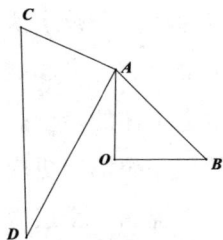

图15

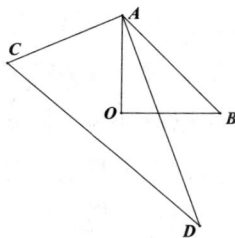

图16

教师：$\triangle ACD$ 的一边与 OB 平行有三种情况，为什么与 AO 平行只有一种情况？

学生 8：在旋转过程中，AC 与 AO 始终有交点 A，不可能平行。同理 AO 与 AD 也不可能平行。因此 AO 只能与 CD 平行，且 AB 只能与 CD 平行。

教学说明：本题需要学生进行九种分类讨论，既是对前面方法的进一步巩固应用，又锻炼了学生的逻辑推理能力。在教学中开展小组合作模式，可以激发学生学习兴趣，挖掘出学生的潜能。但大多数课堂中的小组合作探究只是一种形式，看着很热闹，但实际上很多同学无所事事，等着别人分享。因而对每位同学布置了任务，可以调动学生学习的积极性，使得每位学生真正参与课堂，体验数学的探究过程。

（五）回顾反思，总结归纳

教师引导学生对如下问题进行总结归纳。

（1）若已知角与所求角是共顶点的角，如何进行角度计算。

（2）若已知角与所求角不同顶点，如何进行角度计算。

（3）如何在动态背景下解决这类问题。

五、教学分析

（一）有效复习，培养学生高阶思维能力

在组织课堂活动，特别是复习课时，教师要给予学生足够的时间去思考、观察、操作、分析、讨论、交流。以本节课为例，在教学活动中除了贯穿始终地让学生分析讲解，每个环节都强调学生交流、分享、展示，从而优化课堂教学方式，实现从以教师为主体向以学生为主体的转变。有效的复习不仅是知识点的逐条回顾，也不只是各种练习的累积叠加，更应引导学生对一类问题进行系统地归纳总结，使其知识与技能再提高一个层次，实现低阶思维

向高阶思维的转变。[1]

（二）动手实践，体验探索数学学习

初中生的思维还是会以具体的形象为主，而抽象的事物就需要借助学具和动手操作实现感知。动手实践有助于学生自主能动性的发挥和创造性思维的扩展。以本节课为例，教师引导学生对一个复杂的动态问题进行分析，善于利用身边的工具，将整个旋转过程通过动手操作，化抽象为具体，揭示动态问题的本质，找出特殊位置，转化为静态的图形，从而应用旧知解决问题，调动学生学习的积极性，真正让每一位学生都参与到数学的探索中，优化课堂教学方式，实现从枯燥做题到形式丰富的转变。

（三）小组合作，形成良好学习氛围

数学知识具有逻辑性和抽象性特点，一定程度上加剧了学生学习的难度，因此存在很多学生对数学学习有抵触情绪。而通过小组合作模式的应用，可以加强学生的合作意识，互相学习，共同进步。但小组合作不是简单的一种形式，要实现"真探究"，需要教师在此环节好好引导。在本节课中，笔者要求小组明确分工后，在实际课堂中没有再出现有同学无所事事，依赖他人的现象，每位同学都能真正参与到课堂中，形成了良好的学习氛围。[2]

---

[1] 沈媛. 指向高阶思维的初中数学课堂的实践与思考 [J]. 数理化学习（教育理论），2020(3):15–16.

[2] 赵凤涛. 初中数学课堂教学中小组合作学习探究 [J]. 魅力中国，2015(13):61.

探究活动：从发现到拓展

诸暨市姚江镇直埠初中　吕晓亮

初中数学学习中的探究性活动，引导学生以探究的方式学习数学，通过活动经验主动构建，积累数学活动经验，从而主动地获取知识，真正理解数学意义。通过探究活动，不仅可以让学生掌握知识点和方法技能，还能在学习过程中表现出人格特征和智慧特征，使学科内在和潜在的价值、精神、文化在学生身上得以体现，从而提高学生核心素养。

一、初中数学探究活动必要性

浙教版初中数学教科书中设置了"合作学习""探究活动"等课堂教学环节，是课程标准"综合与实践"领域在教科书中的具体落实。

初中数学"探究活动"，核心是让学生具有发现数学问题、研究数学问题的能力。将学无止境的理念融入其中，以拓展学生思维、发展学生智力为主线，挖掘学生的学习潜能，提高学生问题意识，锻炼学生的非模仿性思维，培养学生的探索精神和实践能力，为学生今后"更大的研究和发展"做准备。课堂教学的主体是学生，教师更多的是起到引导作用，探究活动也要求教师要具备足够高的教学能力和教学素养。

从探究角度来讲，数学探究活动应注意以下几个点。

第一，多关注学生的思维方式，在探究活动进行的过程中，可以主动地去与学生进行沟通，帮助学生进行思考，例如对于这个问题你的想法是什么？

为什么这样想？还有其他的解决办法吗？从而达到引导学生积极思考和参与课堂的效果。

第二，在探究活动中，尤其是在几何内容探究过程中，一定要注意培养学生们的抽象思考能力。例如，在证明一个四边形成为特殊四边形所需要的条件时，教师可以递进地去传递几个问题：初始阶段让学生们动手画图；第二阶段引发学生们对于特殊四边形相关定义的思考，尤其是在第二阶段教师应付出更多的时间和精力来对学生们进行培养。

第三，内容的选取一定要恰当。对于探究活动相关课程，教师应更加关注学生的最近发展，让学生们更加积极主动地投入到数学学习过程之中，感悟数学思想并掌握数学能力。以上对于探究活动的设计更符合"跳一跳摘桃"或者"最近发展区"的相关理论，以更有层次和渐进的方法来解决学生们所遇到的问题，达到化繁为简和扣住问题本质的效果，从而为整堂课程的教学增效。

二、探究活动案例

（一）在探究活动中发明工具

浙教版教材中有许多探究活动的问题情境，如八上"1.5 三角形全等的判定"，测量工件内槽宽的卡钳；九上"3.1 圆"，用来找圆心的工具丁字尺。也探究了一些解决实际问题的方法，如八上第二章"目标与评定"中如何用长度相等的钢条加固钢架；九上"4.5 相似三角形性质及其应用"例 6 测量校园内一棵树高的两种方法。

通过教材中类似的案例，我们在教学过程中可以引导学生利用数学原理，来设计工具小发明，或者解决问题的方法。如在学习了切线长定理后，结合等腰三角形知识，学生合作发明了三等分角器（图 1）。数学原理：切线长定理和等腰三角形的三线合一。

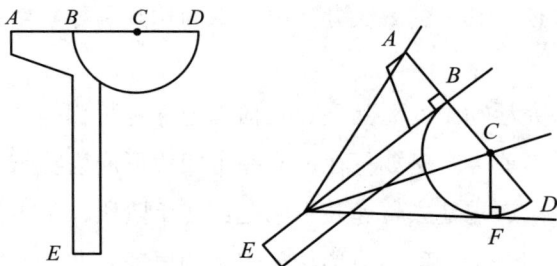

图 1

设计问题不仅可以让学生掌握知识，更加培养了学生素养。近几年在中考中也得到体现。如 2021 绍兴中考卷题 20，拓展小组研制的智能操作机器人两岸手臂问题；2021 嘉兴中考卷题 22，酒精消毒瓶伸缩连杆装置；2021 金华中考卷题 16，利用镜面反射，放大微小变化的装置。数学是抽象的，然而一旦变为具体实物，就变得丰富多彩。通过探究活动，培养了学生观察力、创新能力和实践能力。

（二）在探究活动中启迪方法

浙教版数学教材中有许多探究活动，然而这些探究活动穿插在有些章节中，不成独立章节，极容易被教师忽视，转而变成一道题目，一个答案。其实这些探究活动思维空间巨大，教师可以单独设计案例。

案例 1：八上"2.4 等腰三角形的判定"中的探究活动：有甲、乙两个三角形。甲三角形的内角分别为 10°，20°，150°；乙三角形内角分别为 80°，25°，75°。你能将每一个三角形分成两个等腰三角形吗？画一画，并标出各角的度数。

数学原理：等腰三角形的判定。

该探究活动，教师需要引导学生进行图形想象、分类讨论等活动。

设计方案如下：

活动 1. 初探：动手尝试。

教师呈现一些比较简单的，即三个内角都已知的三角形，让学生动手尝试分割，起点较低，学生容易接受并理解。

活动 2. 再探：让学生设计一个三角形，其他学生一起尝试分割。

通过仔细观察、类比，设计、引导他们进一步地思考这样的三角形须满足什么条件。

活动 3. 归纳：进行"小组合作学习"，让学生归纳，然后教师指导学生有效地概括结论。

活动 4. 探究应用：

江苏无锡中考题：已知 $\triangle ABC$ 的三条边长为 3，4，6，在 $\triangle ABC$ 平面内画一条直线，将三角形分割成两个三角形，使其中的一个是等腰三角形，则这样的直线最多可画（　）条。

解析：把 $\triangle ABC$ 分割成两个三角形的直线，有三种可能，过 A 及 BC 边上一点 D；过 B 及 AC 边上一点 E；过 C 及 AB 上一点 F。将问题转化成探讨这样的点 D、点 E、点 F 存在多少种情况。

（三）在探究活动中延伸知识

教材知识是有限的，但学生思维是无限的。教师可以根据实际情况，对教材知识进行拓展延伸。

案例 2：九上"3.6 圆内接四边形"学生学习了性质定理：圆内接四边形对角互补。之后我设计了一堂拓展课"探究四点共圆的条件"。

活动 1. 知识回顾：

1. 作 $\triangle ABC$ 的外接圆（作图资料先印好，让学生用发下的资料练习）。

2. 要作一个圆的策略是什么？

3. 是不是过任意一个三角形的三个顶点都能作一个圆？

活动 2. 操作：

1. 设疑：过四边形的四个顶点能作一个圆吗？

2. 操作探究：在给出的几个四边形（长方形、平行四边形、四边形）中，试一试，能否作一个圆经过它们的四个顶点。

（1）让学生自己动手作圆（教师检查学生作圆过程，及时发现、指导有困难的个别学生）。

（2）投影展示学生作图结果（共同分享收获）。

（3）分组探究：①测量上面各四边形的各个内角的度数（明确分工，做好测量、记录工作）；②计算各四边形的每组对角的和；③观察计算的对角和结果与你们做出的图形有什么关系？④你们小组从中发现了什么？（让学生交流探究的结果。）

活动 3. 归纳探究结论：

（1）猜想：过四边形的四个顶点能不能作一个圆，观察它们的对角，你们发现什么关系吗？（小组探究。）

（2）证明：结合图形，你们能用所学的圆周角与它所对的弧的大小关系知识说明其中的道理吗？（让学生充分展示他们的见解，教师作小结。）

（3）归纳探究结论：

1. 四个点到一定点的距离都相等，则这四个点共圆。

2. 对角互补的四边形四个顶点共圆。

3. ……

4. ……

5. ……

通过教师引导，结合四点共圆的性质和相交弦、切割线、割线定理的逆定理，学生完全可以得到更多四点共圆的条件。

活动 4. 探究应用：

2021 绍兴中考卷题：13. 如图 2 是一种矩形时钟，图 3 是时钟示意图，时钟数字 2 的刻度在矩形 $ABCD$ 的对角线 BD 上，时钟中心在矩形 $ABCD$ 对角线的交点 O 上。若 AB=30cm，则 BC 的长为_____cm。

图2

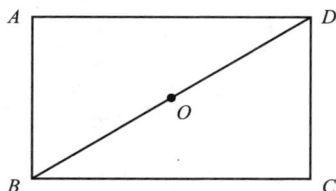

图3

解析：由题意 $ABCD$ 四点共圆，$\angle DBC=\frac{1}{2}\angle COD=30°$，所以 $BC=\sqrt{3}$ $CD=30\sqrt{3}$ cm。

通过课堂中操作—猜想—证明—归纳，我们探究出四点共圆的一些条件，结合中考试题，激发学生对所学内容的兴趣，培养学生数学思想、数学方法、数学能力和对数学的积极情感。

综上所述，核心素养背景下，数学探究活动对学生的成长与发展有非常大的影响。重视数学探究活动，不仅可以提高学生对于课堂知识的掌握能力，更可以拔高学生的数学能力，为学生的未来发展提供更多的契机。

第二章

解题教学——理解技术

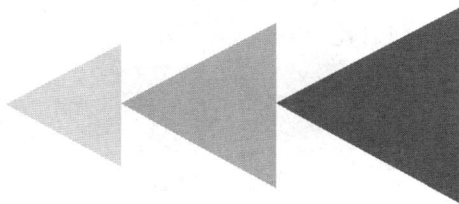

学数学离不开解数学题，解题是数学学习的重要手段与途径，解题教学是数学课堂教学的重要组成部分。数学知识的学习是一个抽象的过程，学生只有掌握解题思路，提高解题能力，才能够实现将数学知识应用到解题过程中，提高其数学知识掌握能力和实践能力，以满足其数学学习要求。

在实际教学中，一些教师只给学生介绍已"成形"的解题方法、思路过程，而不重视其求解方法的形成过程分析，思路产生的基础分析，导致学生学习解题时更多靠的是记忆解法、模仿方法、套用公式，而不知如何"从无到有"地去分析问题，"揭示隐含"地提取信息。如何才能进行有效解题教学呢？本章结合初中课堂中解题教学的实际，对初中数学解题教学进行探讨与研究。通过审题、解题点拨、变式题型和拓展延伸，实现重构知识，提炼通法，渗透数学思想，建立知识体系，提升学生分析、解决问题的能力。通过解题培养学生抽象能力、几何直观、空间观念、推理能力、应用意识等核心素养，提高学生的创新能力。

借平等对话，亮解题风采：以"一道模考题的解法探究"为例

诸暨市店口镇湄池初中　黄桃女

　　美国著名数学家波利亚曾说，解题是一种实践性技能，我们可以通过模仿和实践来学会任何一种实践性技能。解题教学的研究历来是数学教师聚焦的重点，这是由于数学教学离不开解题教学。

　　学生进入初三第二学期后，很多老师会采取大量的题海训练，重复一个模式，学生做—老师讲，导致学生只低头做题而不寻求规律、共性，置普遍性、规律性的东西于不顾；对一些数学事实、现象和本质认识得不透彻，挫伤了孩子们的思维与学习的兴趣、主动性和积极性。

　　华南师范大学数学科学学院教授何小亚指出："数学追求的是精确、严谨、简洁、概括、统一。这是数学独有的，有别于其他学科的特点。"追求简单化是数学的灵魂，追求概括性是数学的精髓。作为教育一线工作者，我们要思考如何在数学教育的宝贵经验传承（如重视双基、一题多解等）与核心素养培育中找到平衡点。因此，笔者以一道模考题的解法探究为例，来细品数学课中大道至简，驾驭无穷的魅力。

　　问题呈现：

　　2021·诸暨市模拟：如图1，四边形 $ABCD$ 为边长等于7的菱形，其中 $\angle B = 60°$，点 E 在对角线 AC 上，且 $AE = 1$，点 F 在射线 CB 上运动，连接 EF，作 $\angle FEG = 60°$，交 DC 延长线于点 G。

　　（1）当点 F 与 B 点重合时，试判断 $\triangle EFG$ 的形状，并说明理由；

（2）以点 B 为原点，BC 所在的直线为 x 轴建立平面直角坐标系，当 $CF = 10$ 时，平面内是否存在一点 M，使得以点 M，E，F，G 为顶点的四边形与菱形 $ABCD$ 相似？若存在，求 M 的坐标，若不存在，说明理由；

（3）以点 F 关于直线 AB 的轴对称点为点 N，若点 N 落在 $\angle EDC$ 的内部（不含边界），求 CF 的取值范围。

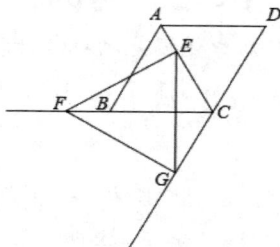

图1

题目背景：此题是模考卷中的 24 题压轴题，绝大多数的学生在考试时由于紧张等原因，对于第一小题就开始有点丈二和尚摸不着头脑，甚至误以为是 $\angle EFG=60°$，想通过"SAS"（边角边）来直接证明两个三角形全等，所以考完出考场，学生们就开始喊太难了。故而在分析的时候，笔者并没有意识到学生会就此题展开深入讨论。本题综合性比较强，是近年来的热点动点问题，考查了菱形的性质、正三角形判定和性质、相似三角形判定和性质、轴对称性质等知识，解决问题的关键找出临界点，灵活利用相似。

讲题过程包括以下四个部分。

一、出乎意料的开始

本题的第一小题，学生出考场就发现自己的思考有问题，笔者自己思考了两种方法解第一小题。正准备侃侃而谈时,学生 A 坐在位置上说,很简单的,角平分线的性质就行,这是笔者没有准备的,于是便让他上来讲解分析。

A 同学上来便分析到，由于现在要求 B 点与 F 点重合，所以一定要根据题目画出图形。

解法 1：如图 2 所示，由于四边形 $ABCD$ 是菱形，所以 AC 平分 $\angle BCD$，利用角平分线的性质，角平分线上的点到角两边的距离相等，故而过 E 作 EM 垂直 BC，EN 垂直 CD；得到 $EM=EN$，$\angle MEN = \angle BEG = 60°$，进而得到 $\angle MEG = \angle BEM$，得到 $\triangle ENG \cong \triangle EMB$，得到 $EG=EB$，$\triangle EBG$ 为正三角形。

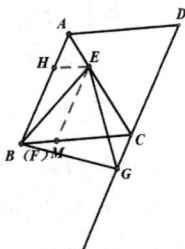

图 2

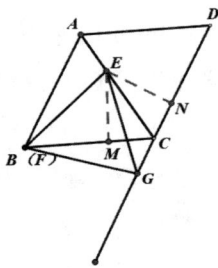

图 3

的确，菱形的每条对角线平分每一组对角的性质在很多时候都会被我们遗漏，故而笔者肯定了学生 A 的基础学得非常扎实，同时也追问班级的同学还有没有其他解题方法？

二、预设之中的答案

果不其然，学生 B 急忙举起手来，跑到讲台上来开始他的解法。

解法 2：利用 $\angle FEG = \angle BCG$，故而得到 B，E，C，G 四点共圆。所以 $\angle EGB = \angle ECB = 60°$，得到 $\triangle EBG$ 为正三角形。

解法 3：过点作 $EH \parallel BC$，$\therefore BH=CE$

得到 $\triangle BHE \cong \triangle ECG$，$EG=EB$，$\triangle EBG$ 为等边三角形。

学生 B 讲解自己思路的来源，由于要判断 $\triangle EBG$ 的形状，由于 $\angle BEG=60°$，故而猜测它为等边三角形，所以只需要证明 $EG=BE$，而证这两条边相等，可以构造两边所在的三角形全等，故而添平行线这条辅助线；而四点共圆则是因为 $60°$ 太特殊，菱形中也存在 $60°$ 角，故而想到四点共圆。

学生 C 听到学生 B 的想法说，我还有一种方法可以来证明四点共圆。

解法 4： $\angle BEG=60°=\angle A=\angle ACB$，所以 $\angle CEG=\angle ABE$

$\angle ABE+\angle EBC=\angle CEG+\angle EGC=60°$

$\therefore \angle EBC=\angle EGC$

$\therefore B，E，C，G$ 四点共圆。所以 $\angle EGB=\angle ECB=60°$，得到 $\triangle EBG$ 为正三角形。

还有学生指出，也可以解法 5：作 EM 平行 AB，$EM=EC$，$\angle EMB=\angle ECG=120°$，由解法 4 可知 $\angle CEG=\angle ABE=\angle EBM$，得到 $\triangle BME \cong \triangle GCE$ 即可证明。

看到这几位学生的思路其实跟我的预设也不谋而合，再看看其他同学的表情似乎都是理解加赞同的神情，笔者感觉也差不多达到了效果，于是便对以上的方法进行了概括，再一次强调在解题时要注意基本模型的归纳，以及菱形的性质，比如菱形的对角线平分每一组对角，菱形的对称性等……

三、探索对称，一波三折的尴尬

学生 A 急忙追问，老师，你说的对称怎么用？真是大大的尴尬，随口而提的菱形性质，似乎没有准备。笔者迅速让自己冷静下来，说我们来观察下，对称是否可以，菱形是个轴对称图形，又是中心对称图形。该怎么用呢？

这时候一个同学提议到是否可以连接 DE，那么 $DE=BE$，笔者急忙肯定，好主意！那就是只要证明 $DE=EG$ 就可以。笔者继续强装镇定地说，嗯，同一个三角形要证明边相等，我们可以用什么？

学生们集体回答说，可以用同一个三角形中，等角对等边。（笔者根本不敢肯定这条路是否可以走通），这时候同学 D 说可以的。

解法 6：设 $\angle ABE=x$，则 $\angle CEG=x$，$\angle ADE=x$，$\angle CDE=60-x$，$\angle DEG=60+2x$，$\angle EGD=60-x$，$\therefore \angle EDC=\angle EGD$，$EG=ED=BE$。笔者不得不竖起大拇指。非常厉害，是的，同学们，我们可以设参数找到角之间的关系，从而得到。正当我准备进入第二小题的讲解，学生 E 大呼一声，老师，我也有关

于对称的方法。

学生 E 的想法是：刚才是根据菱形的轴对称性，那是否可以延长 BC 使 $CQ=CG$，连 EG，能不能得到 △ ECG 与 △ ECQ 关于 EC 对称。笔者仔细一看，这个方法我似乎根本没去想过，这时候其他同学在说，根本想不到，还有它为什么会对称呢?

学生 E 一下子紧张了起来，气氛僵到冰点，这时候笔者知道作为老师，笔者必须出来解释下，因此表达了这个想法，对称可以使它转移，转化到两条边相等。这时候学生 F 说，老师，这个方法可以的。

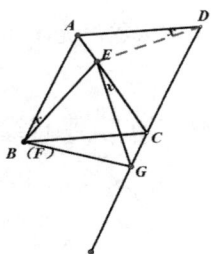
图 4

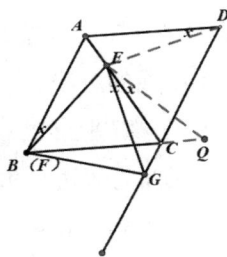
图 5

解法 7：使得 $CQ=CG$，连接 EQ，

$\angle ECQ=\angle ECG=120°$，$CE=CE$，$\Delta ECQ \cong \Delta ECG$，$\therefore EQ=EG$，

利用一线三等角得 $\angle ABE=\angle GEC$，故而可以设 $\angle ABE=\angle GEC=\angle QEC=x$，

$\angle EBQ=60-x$，$\angle BEQ=60+2x$，由于三角形三内角和为 180°，所以

$\angle Q=60-x$，得到 $EB=EQ=EG$。

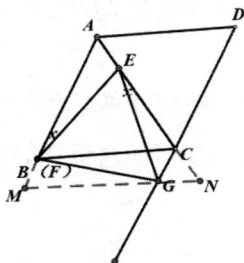
图 6

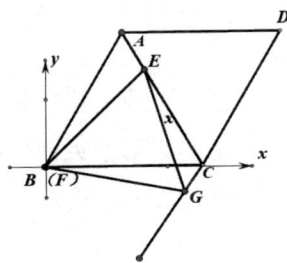
图 7

— 81 —

"同学们体会到了吧，解题的关键在于思路的切入点，能否深入思考、正确应用，而不在于方法本身。因此，在解题的过程中，我们要多角度地去思考问题，可以对问题本质的认识更透彻，思维也更广阔。"正当笔者自圆其说地进行总结时，学生 G 说道：老师，刚才应用了一线三等角的模型，那我可不可以利用模型先得到相似呢？

四、模型应用，相得益彰

又是一阵的尴尬，这个方法我事先想过，觉得得不到两个三角形全等便放弃了。但是尝试才是成功的开始，于是我说大家一起讨论交流下，过了几分钟，学生们便给了下面的解法。

解法 8：过点 G 作 BC 平行线，延长 AB、AC 交平行线于 M、N

得到 $\triangle AMN$，$\triangle CGN$ 为等边三角形，

再利用一线三等角得到 $\triangle ABE \backsim \triangle NEG$，

$AE{:}AB{=}GN{:}EN{=}1{:}7$，

∴ $NG{=}1$.

∵ $CN{=}BM{=}1$，$MG{=}EN{=}6$，$\angle M{=}\angle N{=}60°$，

∴ $\triangle MGB \cong \triangle NEG$，$EG{=}BG$.

学生 H 说，老师，那是否可以建立平面直角坐标系，用函数的方法呢？几位同学一合计，好像可以，于是便有了下面的解法。

解法 9：以 B 为原点建立平面直角坐标系，E（4，$3\sqrt{3}$），EB 的斜率为 $3\sqrt{3}/4$，利用夹角公式，得到 EG 的解析式，而 G 就是 EG 与直线 CD 的交点，从而求出 $EG{=}EB$。

在学生阐述解法时，我一边感到汗颜，一边感叹教学相长的道理，这节课最后便以第一小题的讲解结束而告终，但我相信这么精彩的思路分析和解法在孩子的心目中也会久久不能忘怀。

结语

平时上课有时会有这样的体会：精心预设的课未见精彩。而有时无心插柳的课堂却能茁壮成长。难道这是悖论吗？答案显然是否定的。

虽然我们大力提倡备课时要"备学生"，但事实上，人都是习惯以自我为中心的。表现在教学预设和应对课堂生成上，老师的思维大多以我为主，相对而言是缺少同理心、缺少善解学生之意的。在备课时，往往过多思考的是自我表述的思维链，而本体性知识的缺陷（对数学本质的误解）和思维表达的"综合式"，有时会造成一些"自鸣得意"的预设往往成了课堂生成的阻碍。

细细回味本堂课的场景，学生的想法得以充分展现，教师让教于学的角色得以确立，学生的交流得以深度展开，也就自然实现了预设与生成、知识与方法的精彩融合。但深层次分析，本课的问题同样明显：课前思考得不够，使得教师的引导大多依赖于学生的点拨，关键性的引导缺失，使得不同的解法之间（如解法 2、解法 2、解法 4）的有机联系挖掘得不够，使得精彩的解法依赖于优秀学生的灵感迸发，具有偶然性和随机性。故而，在日常的课堂教学中，深入探究和剖析问题时，教师要在备课上做足功课，特别要在学生思维中可能出现的关键点、疑难点、障碍点设计好关键性的启导语，这样才能切实有效地提高课堂效率，让学生的思维闪闪发光，催生出充满活力与创造力的精彩课堂。

借反比例函数教学，寻题干教学策略

诸暨市明诚初级中学　寿杨胜

一、初中数学课堂中核心素养培育现状

（一）教学目标与教学生成之间的矛盾

所谓的数学核心素养，指的是一种以数学知识技能为基础，又高于数学知识技能的综合能力，其主要特征为综合性、整体性以及持久性。随着近几年中考题型的灵活性、生活性的不断提升，很多一线教师的教学理念略显陈旧，教学模式单一枯燥，这是因为他们受到了传统的应试教育思维的限制，以学生考试成绩的提升作为唯一目标，忽视了学生在思维、能力方面的健康发展，不利于学生的综合素养的良性提高，这与数学核心素养下的教学要求背道而驰。

实际课堂教学过程中，教师秉承的教学理念比较保守，在传统课堂"填鸭式"教学活动的束缚下，对数学知识点进行单调讲解，这种照本宣科的教学模式，使学生一贯处于被动、刻板的学习中，难以真正培养起理性思维和综合素质。这就产生了一种恶性循环，导致教师教学目标与教学生成之间产生矛盾，不仅学生的学习成绩得不到大的提升，学习能力也得不到实质性的提高。

（二）忽视了学生的主体地位

课堂的受体是学生，尊重学生的主体地位是任何学科都应该坚持的教学规律，但是如今的课堂依然有很多教师忽视学生的主体地位，教师在课堂上"大满灌"，使学生没有充足的思考和探究的机会，导致学生对教师产生强烈的依赖感，丧失自我思考的独立性。如果教师继续忽视学生的主体性地位，使学生缺少在课堂上思维锻炼的机会，这将导致学生的数学核心素养得不到充分有效的提高。唯有科学设计教学内容，精心组织课堂教学，师生的共同努力才能达到提升数学核心素养的目的。

二、中考中的反比例函数问题

初中阶段学生主要接触到三类函数——一次函数、反比例函数和二次函数，反比例函数相较于另外两类函数，常含有几何图形背景，考查的知识范围广，综合性较强，题型有自己的特色，解题方法灵活多样，这一类题目在近年绍兴市中考中通常设置为填空题后两题，题目具有一定的难度。很多学生虽然已经能够较好地掌握反比例函数的性质特点和几何特征，但是对于条件复合型问题往往难以找到解题的突破口，或者因为错误的思路浪费了宝贵的考试时间。对于中考中的反比例函数问题，教师要善于将数学核心素养糅合到课堂教学中，利用思想武器，让学生学会利用自身的知识积累分析题干条件，不仅能快速找到解决问题的答案，更能发展学生的数学抽象和逻辑推理能力。

中考主要考查反比例函数的几何性质和代数性质，这两个性质往往你中有我、我中有你，反比例函数的几何性质主要体现在和几何图形结合，比如与三角形、四边形、圆等相结合，而代数性质主要体现在函数特征上，主要反映在反比例函数的 K 值是否已知，一次函数、二次函数与反比例函数的交汇等。其中，学生要充分理解并掌握反比例函数的面积不变性（反比例函数图像上任一点的横纵坐标乘积相等）、比例性质、平行性质、恒等性质、原点对称性以及特殊面积公式等，但是中考中的反比例函数问题不会考得那么直接，这类题往往会在题干中附加一些其他条件，增加条件的限定性，这些题干中的附加条件常常就是确定究竟采用偏代数方法还是偏几何方法解题的关键[1]。若附加条件中出现中点、角平分线、全等、平行线、相似等，则偏重用几何方法解决，若点出现动点、坐标、比例、面积等，则偏重用勾股定理、三角函数、相似比和面积法等代数方法来解决。

笔者以中考反比例函数问题解决的课堂教学实践为例，证明基于核心素养分析题干条件能够切切实实达到教学目标与教学生成相统一的目的，不仅提高学生解题效率，而且能充分发挥学生的主体作用，提升学生的数学核心素养。

三、中考反比例函数题干分析的教学策略

（一）全面仔细审题 发掘题干条件

1. 教学片段

例 1：（2021 年绍兴市中考卷第 15 题）如图 1，在平面直角坐标系中，正方形 $ABCD$ 的顶点 A 在 x 轴正半轴上，顶点 B，C 在第一象限，顶点 D 的坐标 $\left(\frac{5}{2}, 2\right)$。反比例函数（$y = \frac{k}{x}$ 常数 $k > 0$，$x > 0$）的图象恰好经过正方形 $ABCD$ 的两个顶点，则 k 的值是 _____。

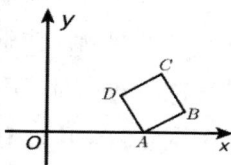

图 1

2. 师生问答分析条件

师：同学们读完了这个题目后，请问这个题目有哪些条件？

生：①四边形 $ABCD$ 是正方形；②顶点 D 的坐标 $\left(\frac{5}{2}, 2\right)$。

[1] 查正权. 读懂题干条件 巧解反比例函数几何题：以江苏省三市中考题为例 [J]. 中小学教学研究，2021，22(1):68–73.

师：刚刚同学们讲到的只是题目中的显性条件，那题目中还有哪些隐形条件呢？

生一：我发现这个反比例函数的 K 值是未知的。

生二：反比例函数的图像经过正方形 $ABCD$ 的两个点，所以顶点 B，C，D 都在第一象限，因此反比例函数要么经过 C，B 两点，要么经过 D，B 两点。

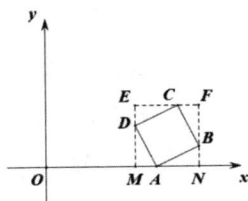

图 2

师：没错，我们发现这个题目应该进行分类讨论。同学们分析得很棒，那么我们能不能按照几何图形、函数特征和附加条件对以上所有条件进行分类呢？

生：几何图形——四边形 $ABCD$ 是正方形；函数特征——反比例函数的 k 未知；附加条件：顶点 D 的坐标，反比例函数要么经过 C，B 两点，要么经过 D，B 两点。

3. 意图

第一个教学片段旨在通过一系列的问答，针对学生对反比例函数问题的"生疏"与"恐惧"，引导学生自主发现条件，以此消除学生对该类题型的抵触心理，也充分保障学生的课堂参与度和主体性原则。此外通过让学生自主发现，培养起学生的数学逻辑推理和数学抽象能力，为接下去的教学做好铺垫。

（二）转化题干条件　进行知识联想

1. 教学片段

教师剖析：例 1 当中我们应重点关注附加条件，因为顶点 D 的坐标、反比例函数经过两点，因此本题的关键在于利用顶点 D 的坐标直接求出 k 值或者利用 D 的坐标表示出其他点的坐标，而根据我们的知识积累联想到平面直角坐标系中出现正方形就可以利用一线三垂直模型，进而得到全等，因此 B，C 两点的坐标就能表示，那么该题也就迎刃而解了。

2. 解题

解：如图2，作 $DM \perp x$ 轴于点 M，$BN \perp x$ 轴于点 N，过 C 点作 x 轴的平行线，交 DM 于点 E，交 BN 于点 F。

在正方形 $ABCD$ 中，$\angle BAD=90°$，$\therefore \angle DAM + \angle BAN=90°$，$\because \angle ADM + \angle DAM=90°$，$\therefore \angle ADM= \angle BAN$，

在 $\triangle ADM$ 和 $\triangle BAN$ 中，

$$\begin{cases} \angle ADM= \angle BAN \\ \angle AMD= \angle BNA=90° \\ AD=BA \end{cases}$$

$\therefore \triangle ADM \cong \triangle BAN$（AAS），

$\therefore AM=BN$，$DM=AN$，

$\because$ 顶点 D 的坐标，$\left(\dfrac{5}{2}, 2\right)$，

$\therefore OM=\dfrac{5}{2}$，$DM=2$，

同理：$\triangle ADM \cong \triangle DCE$

$\therefore AM=DE$，$CE=DM$，

$\therefore AM=BN=DE$，$DM=AN=CE=2$，

设 $AM=BM=DE=m$，

$\therefore ON=2.5+m+2=4.5+m$，$\therefore B(4.5+m, m)$，$C(4.5, 2+m)$。

当反比例函数 $y=\dfrac{k}{x}$（常数 $k > 0$，$x > 0$）的图像经过点 B，D 时，则 $k=2.5 \times 2=5$；

当反比例函数 $y=\dfrac{k}{x}$（常数 $k > 0$，$x > 0$）的图像经过点 B，C 时，则 $k=(4.5+m) \cdot m=4.5 \cdot (2+m)$，解得 $m=3$（负数舍去），$\therefore k=4.5 \times (2+3)=22.5$。

故答案为 5 或 22.5。

3. 意图

学生在实际解决问题过程中，纵然能把题干中的条件都找到，但对条件的剖析和联想不够充分、深入。比如，当学生看到平面直角坐标系中出现正

方形，就应该联想到一线三等角构造全等三角形，其实不只是看到正方形，当我们在平面坐标系当中遇到线段或一次函数垂直的条件时，就要联想到一线三垂直得全等或相似，类似的例子还有很多，一旦养成转化题干条件，进行知识联想的习惯，将对我们找到题目的通解通法有很大的帮助。

（三）审视分析过程　学生自主探究

1. 教学片段

例 2：（2020 年温州实验中学中考数学模拟试卷第 16 题）如图 3，点 P 在反比例函数 $y=\dfrac{8\sqrt{2}}{x}$（$x>0$），以 OP 为直径的圆与该反比例函数的另一交点为 B，且交 y 轴于点 C，已知 $\overset{\frown}{BC}=\overset{\frown}{OB}$，$PO$ 与 BC 相交于点 E，则点 E 的坐标为_____。

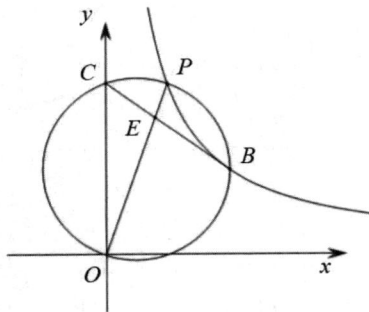

图 3

2. 小组讨论分析条件

小组 A：该题的函数特征是反比例函数的 k 值为 $\dfrac{8\sqrt{2}}{x}$，如果已知图像上一个点的横纵坐标中的任何一个，就可以表示出另一个坐标，这样就能分别用两个未知数表示出 P，B 点的坐标。

小组 B：几何图形是以 OP 为直径的圆，我们知道圆当中有很多性质定理，比如说垂径定理、圆心角定理和圆周角定理等，由 OP 为直径我们就能联想到直径有关的性质：直径所对的圆周角是 90°，因此自然而然想到构造 CP 这条辅助线。而且圆经过 P 点和 B 点，那么圆就可以作为纽带将 P，B 两点的坐标联系起来。

小组 C：$\overset{\frown}{BC} = \overset{\frown}{OB}$ 作为附加条件是本题的关键信息，依据垂径定理，平分弧的直径也垂直于弧所对的弦，所以可以过点 B 构造垂直于 CO 的垂线段，而且该垂线段与 PC 的交点就是该圆的圆心。

师：同学对题目剖析的十分精彩，接下来请同学们利用小组讨论的结果对这个题目进行求解吧！

3. 解题

解：连接 OB，CP，过 B 作 $BD \perp OC$ 于点 D，与 OP 交于点 F，如图 4。

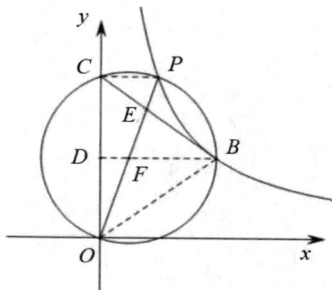

图 4

$\because \overset{\frown}{BC} = \overset{\frown}{OB}$，$\therefore BC = OB$，$\therefore BD \perp OC$，$OD = CD$，$\because OP$ 为直径，$\therefore PC \perp OC$，

$\therefore BD \parallel CP$，$\therefore PF = OF$，即 F 为圆心，$\therefore DF = \dfrac{1}{2}CP$，

设 $P\left(t, \dfrac{8\sqrt{2}}{t}\right)$，则 $C\left(0, \dfrac{8\sqrt{2}}{t}\right)$，$PC = t$，$OC = \dfrac{8\sqrt{2}}{t}$，$DF = \dfrac{1}{2}t$，$OD = CD = \dfrac{1}{2}OC = \dfrac{4\sqrt{2}}{t}$，

当 $y = \dfrac{4\sqrt{2}}{t}$ 时，$y = \dfrac{8\sqrt{2}}{t} = \dfrac{4\sqrt{2}}{t}$，$x = 2t$，$\therefore B\left(2t, \dfrac{4\sqrt{2}}{t}\right)$，$\therefore BD = $

$2t$, $\therefore BF = 2t - \dfrac{1}{2}t = \dfrac{3}{2}t$, $\therefore OP = 2OF = 2BF = 3t$,

在 Rt $\triangle OCP$ 中，由勾股定理得，$OC2+PC2=OP2$,

即 $\left(\dfrac{8\sqrt{2}}{t}\right)^2 + t^2 = (3t)^2$, $\therefore \dfrac{128}{t^2} = 8t^2$, $\therefore t^4 = 16$, $\because t > 0$, $\therefore t = 2$,

$\therefore B(4, 2\sqrt{2})$, $C(0, 4\sqrt{2})$, $P(2, 4\sqrt{2})$,

$\therefore$ 直线 BC 的解析式为: $y = -\dfrac{\sqrt{2}}{2}x + 4\sqrt{2}$, 直线 OP 的解析式为: $y = 2\sqrt{2}x$,

解方程组 $\begin{cases} y = 2\sqrt{2}x \\ y = -\dfrac{\sqrt{2}}{2}x + 4\sqrt{2} \end{cases}$ 得, $\begin{cases} x = \dfrac{8}{5} \\ y = \dfrac{16}{5}\sqrt{2} \end{cases}$ $\therefore E\left(\dfrac{8}{5}, \dfrac{16}{5}\sqrt{2}\right)$,

故答案为: $\left(\dfrac{8}{5}, \dfrac{16}{5}\sqrt{2}\right)$。

四、感悟

数学核心素养背景下必须要在"知识目标"的基础上，增添"能力目标""思维目标""情感目标"等，使得教学[1]目标更加全面、科学。综上所述，以解决中考中反比例问题为例，纵使题型中的几何图形、函数特征不断交汇结合，通过让学生对题干中条件的冷静处理和层层剖析，学生大都能用已有的知识贮备解决复杂问题，将不熟悉问题转化为熟悉问题，从而达到以不变应万变的境界。总之，在数学核心素养理念下的数学课堂教学实践中，教师如果采取合理的教学引导、正确的教学策略和清晰的价值导向，就能最大限度地满足所有学生的学习需求和符合数学核心素养培养的要求。

[1]　郑俊 . 初中数学高效课堂构建策略 [J]. 学周刊，2022(10):23–25.

借阅读材料之风，扬学生自学能力之帆

诸暨市浣江初级中学　宣寅

随着现代社会的不断创新发展，社会对于人才的需求也在不断改变，而人才的培养是为了满足社会的需要。数学作为一门基础性学科，贯穿于学生的整个学习生涯，因此数学的教学对于学生来讲尤为重要。培养学生的核心素养是国家对初中数学教学提出的终极目标，从这个目标可以看出，核心素养的培养其实更加强调的是一种能力，而自学能力是伴随着学生一生的，所以说这是一种对学生核心素养的养成起着关键作用的能力。这与我市的"品质课堂深化行动"的精神不谋而合。同时，在目前我国的应试教育的现状下，进行有效的、精准的分层教育还是存在一定难度的，而分数又是作为学生升学的一个重要依据之一，如何在有限的时间里进行有效的复习，学生的自学能力就显得尤为重要。在自学的过程中，结合自身的知识缺陷，可以更有针对性地构建个性化的复习体系。

那么如何利用数学课堂上的有限时间来提升学生的自主学习能力呢？下面就以浙教版八上书本 P78 的"从勾股定理到图形的面积关系的拓展"这一阅读材料为素材，结合笔者上的"非常数学之经典之树抽'新芽'"一课的片段为例进行说明。为了更好地提升和训练学生的自学能力，我把本阅读材料的教学分成三步走：一、先学，即让学生带着问题进行自主阅读书本中给出的材料，并完成书本中的有关习题；二、后教，即教师根据学生自学的结果进行适当的讲解；三、当堂检测，即结合学生的先学与教师的后教进行适当的补充练习。

一、先学

首先给出本节课的学习内容——非常数学之经典之树抽"新芽";然后让学生阅读教材 78~79 页,并在自行阅读的阶段,完成下列检测题:

问题 1:以 Rt△ 作为特殊的三角形,它的三条边满足怎样的数量关系?

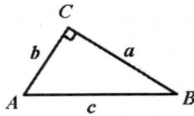

图 1

问题 2:以 Rt△ABC 的两条直角边 a,b 和斜边 c 为边,分别向外作正方形,面积分别记为 S_1,S_2,S_3,则 S_1,S_2,S_3 之间存在着怎样的数量关系?

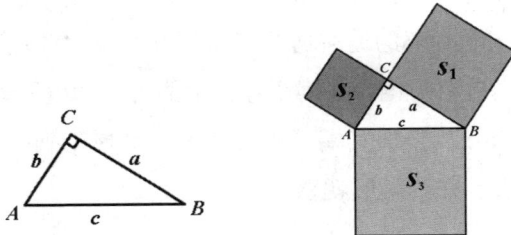

图 2

问题 3:以 Rt△ABC 的两条直角边 a,b 和斜边 c 为边,分别向外作等边三角形,面积分别记为 S_1,S_2,S_3,则 S_1,S_2,S_3 之间还存在着上述关系吗?

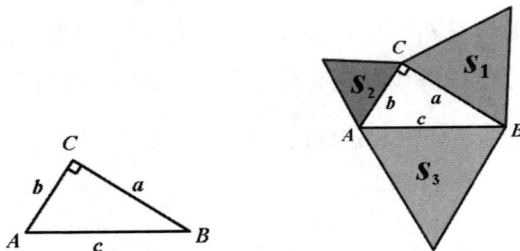

图 3

问题 4：参照上述方法，以 $Rt\triangle ABC$ 的两条直角边 a，b 和斜边 c 为边，分别向外作其他同类图形，面积分别记为 S_1，S_2，S_3，则上述结果是否还成立？

其中问题 1、问题 2、问题 3 的结果与证明方法均可以在书本上找到，对于问题四也是书本给出的问题，所以在先学过程中，特别要注意的是以下几点：一是充分利用教材和作业本，不要另起炉灶搞导学案；二是注意梯度，既要让学生有满足感，又要让学生暴露出问题，便于教师判断学生什么地方存在疑惑；三是时间不必过长，一般来说 10~15 分钟足够了，同时注意无论是目标的呈现还是方法的指导，都要简洁明了，把更多的空间和时间留给学生。在这一过程中老师要对学生的学习进行巡视，并指导学生对具体习题进行解答与操作，学生通过对阅读材料的自主阅读与思考同时借助实践操作，这样就会加深对所学知识的印象。具体教学过程中，老师可以对反应速度快、思路清晰且分析完整的学生进行表扬，同时鼓励其结合原有的已学知识进行一题多解和寻找多题一解的通解通法，来增加知识之间的联系，进而提高自主学习的质量。当然老师也要特别留意自学能力与理解能力比较薄弱的学生，对其进行适当的指导，督促其端正学习态度，掌握正确的学习方法，以期每个学生都能得到进步并获得成就感。

二、后教

在"后教"阶段，教师在课堂中通过对作业的快速检阅，迅速地判断学生自学情况，然后对教学重、难点进行讲解，对典型例题进行剖析。同时对学生的错误进行原因分析、更正、总结，这样可以帮助学困生增强学习的信心和兴趣，也可以使优秀生增强自学的能力。例如在讲授本课时，有些同学出现了图 4 也满足 $S_1 + S_2 = S_3$ 这样的错误。

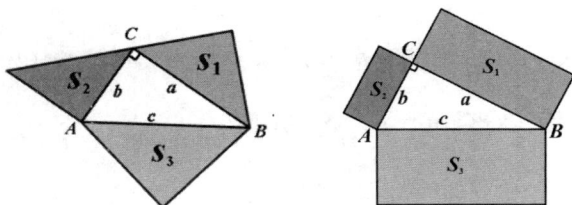

图4

教师可以充分利用图4让学生进行自我解剖，为什么图4不成立，以及如何修改或增加怎样的条件就能使其也能满足 $S_1 + S_2 = S_3$，通过自我反思与总结，学生能总结出发生错误的原因即在证明 $S_1 + S_2 = S_3$ 的过程中，没有"抓住"问题2与问题3证明过程中的基本方法，即第一步为利用面积公式分别计算出 S_1，S_2，S_3，第二步为利用直角三角形三边满足勾股定理这一基本特征来说明这一结论的准确性。同时通过学生如何修改或增加怎样的条件就能使其也能满足 $S_1 + S_2 = S_3$ 这一设问，同学们就可以自己概括在什么条件下以直角三角形的三边为基础作相同图形，能满足 $S_1 + S_2 = S_3$ 这一结论。条件一，基础三角形是直角三角形；条件二，三个图形形状相同，三边是对应边的关系。

针对学生出现的问题，在"后教"时笔者设计了三个问题：

问题1：如图5，分别以直角边 a,b 和斜边 c 为边向外作等边三角形、半圆、等腰直角三角形和正方形，上述四种情况的面积关系满足 $S_1 + S_2 = S_3$ 的个数有（ ）。

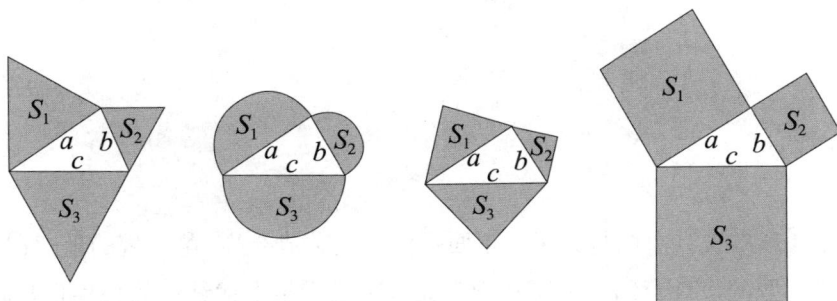

图5

A. 1个　　　　　B. 2个　　　　　C. 3个　　　　　　D. 4个

问题2：如图6，分别以直角边 a，b 和斜边 c 为边向外作含有 $30°$ 角的直角三角形，则面积符合 $S_1 + S_2 = S_3$ 的图形为（　　）

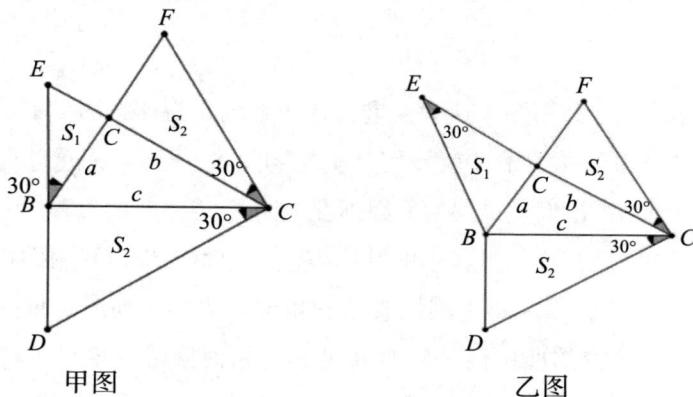

图6

A. 甲图符合，乙图不符合　　　　B. 甲图不符合，乙图符合

C. 甲、乙两图均不符合　　　　　D. 甲、乙两图均符合

问题3：如图7，分别以直角三角形三边为边向外作等边三角形，面积分别为 S_1，S_2，S_3；其中 $S_1=16$，$S_2=45$，求 S_3 的面积？

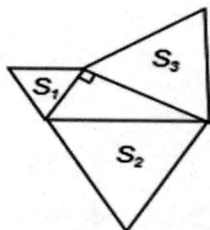

图7

第1题的设计意图是为了从正面强化学生对结论 $S_1 + S_2 = S_3$ 的理解；

第2题的设计意图是为了让学生充分理解满足上述结论的条件是基础三角形是直角三角形和朝外所作的三个图形形状相同，三边是对应边的关系；

第 3 题的设计意图是为了从反面强化学生对结论 $S_1 + S_2 = S_3$ 的理解，其中最大的面积应该是以斜边为基础所作的图形的面积。

三、当堂检测

结合所学的内容，教师应设计与之相对应的习题进行配套训练，可以是填空题、选择题也可以是计算题等各种题型，学生可以根据自己对所学知识的掌握程度有选择性地做题。对课堂练习的完成情况教师要及时收集和整理，以便在课后对其进行分析总结。这样不仅能精准地掌握学生的自主学习的效果，而且也可以对信息进行及时有效的反馈，减轻学生课后复习的负担，同时能培养学生自主学习的方法与能力，从而给学生更多的时间进行自主思考。这种教学模式具体的实施过程，是以学生为主体的自主学习和训练的过程，也是教师组织、指导和引导的过程，二者进行有效结合，才能更好地提高学生自主学习能力和教师的教学效果。通过上述的教学，学生对 $S_1 + S_2 = S_3$ 这一结论成立的前提、条件以及说理过程都有了充分的理解之后，再对图形进行了适当的变形，以达到掌握一个模型，会一片的目的。故设计了以下习题：

习题 1：如图 8，分别以直角三角形的三边 a，b，c 为边，分别向外作正方形，改为朝内作正方形，它们的面积分别记为 S_1，S_2，S_3，则 $S_1 + S_2 = S_3$ 还成立吗？

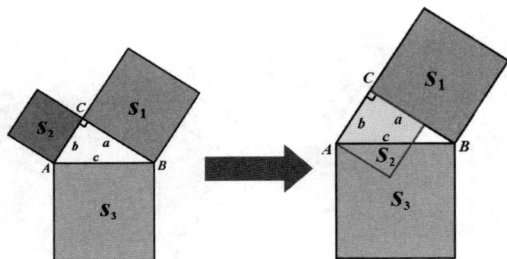

图 8

习题 2：如图 9，阴影部分表示以 Rt△ 各边为直径的三个半圆所围成的两个新月形，若 $AC=3$，$BC=4$，你能求出阴影部分的面积吗？

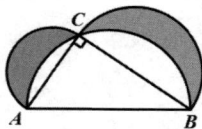

图 9

习题 3：如图 10，在直角三角形 ABC 中，$\angle C=90°$，$AC=3$，$BC=4$。分别以 AB，AC，BC 为边在 AB 的同侧作正方形 $ABEF$，$ACPQ$，$BDMC$，四块阴影部分的面积分别为 S_1，S_2，S_3，S_4，求 $S_1+S_3+S_4-S_2$ 的值。

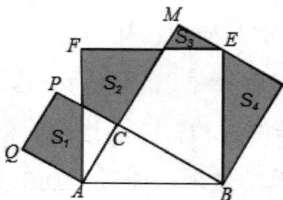

图 10

习题 4：如图 11，分别以直角三角形三边 a，b，c 为边向外画正方形，它们的面积分别为 S_1，S_2，S_3，则满足 $S_3+S_2=S_1$，若图中继续向外画正方形，且 S_1 的面积为 1，请求出图 C 中所有正方形的面积之和。如果朝外作 2022 层正方形，则所有的正方形面积之和又是多少？

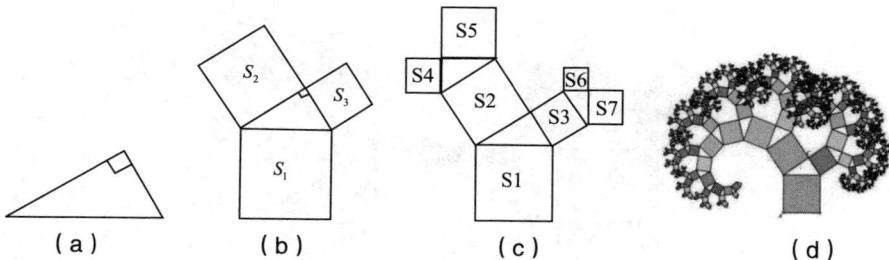

（a）　　　　（b）　　　　（c）　　　　（d）

图 11

习题 5：通过学习，请同学们自己动手画一画，创作出属于自己的勾股树。学生独立完成后，可以在自己小组里进行互相交流，寻找还存在哪些问题，同时也可以派代表跟其他各组进行互批和打分。总之应注重对结果的评价反馈，对学生练习中有创造力的地方给予肯定，对暴露的问题要及时纠正，不要怕学生出错，就怕学生不出错，在学生明白自身的不足之后，对其暴露的缺陷和不足因尽量当堂矫正。

整个课堂教学过程都是围绕着发现问题、解决问题这一主线通过学生自主学习和教师适当的点拨进行的。尽管学生原有知识水平有高有低，但课堂上都可以同时看书，再同时进行检测练习。基础好的可以帮助基础差的，再给别人讲"为什么"这样做的过程中，自己不仅加深了对知识的理解，同时也增强了口头表达能力与思维能力。在一定程度上也体现了分层教学，在学生带着问题自主阅读时会出现一部分做对，一部分做错，这符合课堂实际，之后"兵教兵"即体现了合作精神。教师的点拨是对学生自主学习过程中暴露的问题，进行反馈、矫正的过程。而"当堂训练"就是自主学习的延续，对所学知识的巩固，同时也是教师与学生进行查漏补缺的过程。它能够检测学生自主学习的效果，方便了教师的个别辅导，另外也可以布置一些跟本阅读材料相关的课外知识，来拓展学生的数学视野，提升学生的数学素养。

总之，每一章节后面的阅读材料，如果我们都能按这个教学模式对学生进行教学，不但能体现新课程标准要求的充分发挥学生的主观能动性，而且能提升学生自主学习的能力，实现课堂教学的高效与减负，最终使学生掌握自主学习的这一关键能力，进而一定能在学生的核心素养提升方面起到积极的作用。当然，我们教师也要不断地反思，实践，及时总结，再实践，借鉴经验，促进我们的教学水平不断再上一个新台阶！

借精准作图，提升几何直观素养

诸暨市江藻初级中学　徐向浣

　　《义务教育数学课程标准（2022 年版）》[1] 中指出几何直观主要是指运用图表描述和分析问题的意识和习惯。借助几何直观可以把复杂的数学问题变得简明、形象，有助于探索解决问题的思路，预测结果。几何直观可以帮助学生直观地理解数学，在整个数学学习过程中都发挥着重要作用。作为九年级的学生，对几何题具有较好的空间想象能力，具有较强的几何直观素养，对他们去解决难题、压轴题会有较大的帮助。可见培养九年级学生的几何直观素养是至关重要的，关键是提高学生的作图能力。精准作图教学是培养学生良好的空间观念、提高学生解决问题能力的重要途径。本文将从自画图问题、矩形折叠问题以及动点轨迹问题这三方面，阐述学生存在的问题，以及应对的策略，从而提升学生几何直观素养。

一、借尺规作图，解自画图问题

　　尺规作图是指用无刻度的直尺和圆规作图。许多几何题目并没有配图，都需要学生自画图，学生需要在理解题目的基础上，根据题意自行画出图形，再进行解答，而这个过程中借用尺规作图，不仅使图形更加美观，而且可以让分类讨论更加全面。

---

[1]　中华人民共和国教育部. 义务教育数学课程标准（2022 版）[S]. 北京：北京师范大学出版社，2022.

例1：用直尺和圆规作 ΔABC，使 $BC=a$，$AC=b$，$\angle B=35^\circ$，若这样的三角形只能作一个，则 a，b 间满足的关系式是 _____。

错因分析：本题题目没有配图，学生需要自画图，这是学生的一个难点，学生往往会随手画一个草图，然后乱碰乱撞地去解题，看见一种情况就写一种，从而导致分类讨论不全面，甚至是毫无头绪，无从下手；而题目中用字母代替了线段的长度，条件十分抽象，更是加大了题目的难度。

解题策略：精准画图是解决此问题之关键，教学实践中我们应该引导学生从已知条件入手，将 $\angle B=35^\circ$ 这个唯一确定的条件先画出来，得到以点 B 为顶点的两条射线。而确定点后，不妨取一定的线段长度记为 $BC=a$（图1），而 AC 的长度可以发生改变，要确定 A 点，点 C 已经是定点，我们可以以 C 点为圆心、b 为半径画圆弧交 AB 于点 A，通过改变半径 b 的大小，从而影响与以点 B 为顶点的这条射线的交点个数，这样就可以直观地得出交点个数有四种情况（图2），符合题意的有两种情况：①当 $AC \perp AB$ 时，此时 ΔABC 是直角三角形，则 $b=a\sin35^\circ$；②当 $b \geq a$ 时三角形也只能作一个。

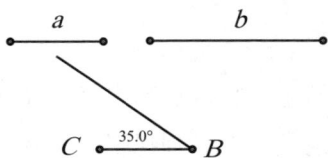
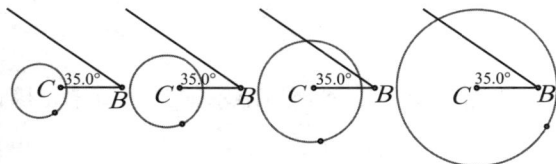

图1　　　　　　　　　　图2

根据交点的个数情况，教学实践中还可以将题目的问题改成：若这样的三角形能作两个，则 a，b 间满足的关系式是 _____。通过上述方法的探究，学生已经完成了精准作图，对图形也有了直观的感受，完善了知识的建构，就可以快速地得到答案是 $a\sin35^\circ<b<a$。

二、借动手实践，解矩形折叠问题

动手实践是学生利用身边的事物来解决数学问题。新课程标准强调数学教学实践要"从学生已有的生活经验出发","使学生获得对数学知识的理解"。因此在平时的教学实践中应当让学生通过动手、实践操作，培养学生用数学眼光去观察现实世界，运用所学知识解决实际问题的素养，这样有利于学生的数学学习，尤其是几何内容的学习。本身几何内容比较抽象，如果能利用学生身边的事物，让他们直观感受到，这对提升学生的几何直观素养有较大的促进作用，而将实物图转化为平面几何图形时，在这一过程中，学生又需要精准作图，在具体操作中感受学习数学的过程，提高数学思维能力。

例2：如图3，在矩形 $ABCD$ 中，$AB=1$，$BC=a$，点 E 在边 BC 上，且 $BE=\frac{3}{5}a$。将 $\triangle ABE$ 沿 AE 折叠，若点 B 的对应点 B' 落在矩形 $ABCD$ 边上，则 a 的值为_____。

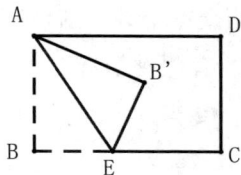

图3

错因分析：本题题目出示的是示意图，因此学生会直接在图中将已知条件进行标注，但这只是示意图，会导致学生思维的发散上受到局限；虽然题目中说到"点 B 的对应点 B' 落在矩形 $ABCD$ 的边上"，学生会想到要进行分类讨论，但几何直观能力不足，还是造成了漏解的问题。

解题策略：学生身边实际上有很多矩形的实物，而折叠问题，仅靠一张草稿纸就可以动手实践，因此教学实践过程中，要培养学生关注身边事物的意识。本题学生完全可以通过折纸的动手实践操作，增加几何直观，化抽象为直观。通过动手实践，学生很容易得到第一种情况，如图4，再将图形转化为平面几何图形，应当要精准作图，显而易见 $\triangle ABE$ 是等腰直角三角形，而四边形 $ABEB'$ 为正方形，从而得到 $AB=BE=$____，解出 $a=\frac{5}{3}$；再通过动手实践，也很容易发现点 B 的对应点 B' 不可能落在边 AB 上或者边 BC 上，那

第二种情况是点 B 的对应点 B' 落在边 CD 上，先动手实践，再转化成平面图形如图 5，观察图形就会发现有"一线三等角"模型，其中 $\triangle ADB' \sim \triangle B'CE$，则 $\dfrac{AD}{B'C} = \dfrac{DB'}{CE} = \dfrac{AB'}{B'E} = \dfrac{5}{3a}$，由可以解出 $CE = \dfrac{2}{5}a$，算出 $DB' = \dfrac{2}{3}$，$CB' = \dfrac{1}{3}$，最后利用勾股定理得到 $a = \dfrac{\sqrt{5}}{3}$。

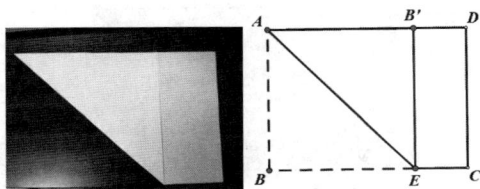
图 4

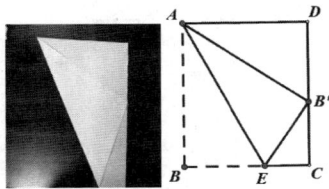
图 5

此题，得到答案后也可以认为是对边 AB 的长度在进行分类讨论，一种情况是边 AD 大于边 AB，另一种情况是边 AD 小于边 AB。还可以在这里渗透点 B 的对应点 B' 的运动轨迹，是到点 A 的距离始终等于 1，因此 B' 的轨迹是以点 A 为圆心，AB 为半径的一段圆弧。从条件推解结论，由结论反观条件，提升双向的思维能力，也深层次地培养了几何直观素养。

三、借几何画板，解动点轨迹问题

动点的轨迹仅有 2 种类型："直线型"和"圆弧型"。平常教学过程中对于轨迹如何去确定，老师往往教学生通过作三个特殊位置的点来确定轨迹类型进而求出答案，这对于选择填空题而言不失为一个好方法，但如果是解答题，要求学生写出必要的文字说明、演算步骤或者证明过程，这对学生来说是很难解释清楚的。而几何画板是一个作图和实现动画的辅助教学软件，老师可以根据教学需要编制出相关的图像和动画过程，这对学生理解动点轨迹问题无疑是非常直观的，进一步对图形的变换过程进行解释，使学生完善图形的精准作图，从而解决动点轨迹问题。

例3：如图6，在 $\triangle ABC$ 中 $\angle ACB=90°$，$\angle A=30°$，$BC=4$，D 为 AB 上的动点，以 DC 为斜边向右侧作等腰 $\triangle DCE$，使 $\angle CED=90°$，连结 BE，则线段 BE 的最小值为_____。

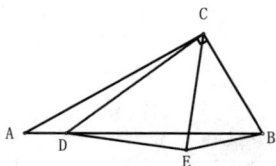 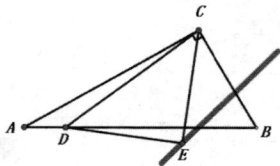 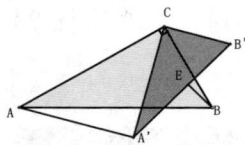

图6   图7   图8

错因分析：题目中有两个动点，D 是主动点，C 是从动点，学生对这类问题是比较难把握的，究其原因是对图形没有形成直观的想象，仅凭示意图，无法对图形进行变换，缺乏空间想象力，成绩较好的学生会通过三个特殊位置找出点 E 的轨迹是一条线段，BE 的最小值就是点 B 到点 E 轨迹的垂线段的长度，但这样的到最短线段照旧是束手无策，无法解答，而成绩中下的学生根本无从下手，对这类题目全无方法，只能盲目地写个答案来碰碰运气。

解题策略：教学实践中可以借助几何画板，直观地将点 E 的变化轨迹演示给学生看，如图7，而点的变化，实则是因为主动点 D 引起的，然后进一步引导学生去探索图中线段的数量关系，线段的位置关系，让学生对图形有直观的感受，再将其转换成平面几何图形，此时需要精准作图（图8），最后求解线段 BE 的长度。实际上本题就是"瓜豆原理"，C 为定点，D 为主动点，其路径为线段 AB，E 为从动点，根据精准作图，我们就不难发现 $\triangle ABC \backsim \triangle A'B'C$，由等腰 $Rt\triangle AA'C$ 可以得到相似比是 $\sqrt{2}$，$\angle CB'A'=\angle CBA=60°$，从而得到 $\angle A'B'B=30°$，在 $Rt\triangle B'EB$ 中，有 $B'B=\sqrt{2}$，则 $BE=\dfrac{\sqrt{2}}{2}$，即为线段 BE 的最小值。

教学过程中合理运用几何画板，可以提供丰富的学习资源，设计生动的教学活动，促进数学教学方式的变革，让学生直观感受图形的变化。

综上几例，借助尺规作图、动手实践、几何画板等教学实践方法将几何直观素养通过精准作图落到实处，将一些较为复杂的数学知识形象化，具体化，使得初中数学的几何内容更加简明，进而降低学生学习数学的难度，促使学生主动探索、分析、解决问题，提升学生的几何直观素养。

改经典题型，开思维之花

诸暨市浣江初级中学　宋菁菁

　　在中考几何复习时，当学生在运动变化过程中求圆中最值问题，由于其灵活多变性，涉及的知识面较广，对学生思维能力、作图能力要求较高，从而缺乏对图形的构建。[1]对于一些经典几何图形的改编题，容易产生似曾相识但又需要长时间尝试，结果考试时间不够，或分析情况不到位，造成失分。

　　处理此类题目首先要明确题目中运动对象的基本特征，然后就是按照题目要求作出运动过程中某一时刻的图像，这就要求在教学设计中遵循由易到难的原则，从给出图形到简单作图再到复杂作图，让学生在这个过程中体会运动变化对各因素之间的联系。借助几何画板，[2]让学生能够直观感知图形在运动过程中，总隐含着定量和不变关系，这也是解决这类问题的关键。下面以笔者上过的一节公开课"圆中最值"为例来作说明。

一、教学目标

　　1. 通过学生充分经历读题、画图、分析、理解的数学过程，寻找运动变化问题中的定量及不变的数量关系和位置关系，培养动手操作能力和空间想象能力，提高解决此类问题的信心和能力。

　　2. 理解从一般到特殊，再从特殊到一般的解题过程，选取运动变化过程

[1]　王鑫娟. 对一道中考作图题的分析、反思和评价 [J]. 中国数学教育（初中版），2009（7）：74–75.

[2]　郭勇. 妙借"几何画板"实现数理结合 [J]. 中学物理（高中版），2011（4）：54–56.

中的静止状态入手进行研究，以静制动，动中求静，找到问题的切入点，进一步探究定量和变量之间的联系、一般状态和特殊状态之间的联系，从而利用所学知识解决问题。

二、教学重、难点

教学重点：分析变化的过程，透过现象抓住问题的本质，转化为所学知识解决问题。

教学难点：按照题目要求作出运动过程中某一时刻的图形并对其进行分析；挖掘、探索题目中不变的数量关系和位置关系。

三、三版教学过程

（一）第一版教学过程

1. 中考原题：如图 1，AB 是 $\odot O$ 的弦，$AB=5$，点 C 是 $\odot O$ 上的一个动点，且 $\angle ACB=45°$。

（1）求 $\odot O$ 的半径。

（2）若点 D，E 分别是 AB，BC 的中点，则线段 DE 长的最大值为 _____。

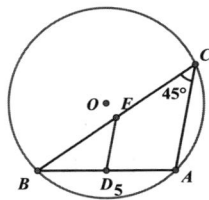

图 1

【设计意图】第一问从学生熟悉的图形入手，已知圆周角和所对的弦，求半径。第二问从点在圆上动的简单情况入手，利用中位线将问题转化为弦最值问题，着重让学生体会在运动变化中求最值问题的解题思路。

2. 改编 1：如图 2，在 △ABC 中，$AB=5$，$\angle ACB=45°$，若点 D，E 分别是 AB，BC 的中点，则线段 DE 长的最大值为 _____。

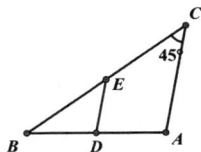

图 2

【设计意图】这道题是将原题进行改编，改编策略是隐藏条件圆。由原题打开思路，找到定边定角——隐圆的解题方法。

在解题时，首要面临的问题就是作图，确定圆后，以此为突破口通过适当的转化解决线段 DE 长度的最大值问题。

3. 改编 2：如图 3，在平面直角坐标系中，A（$\frac{5}{2}\sqrt{2}$，0），B（0，$\frac{5}{2}\sqrt{2}$），$\angle ACB=45°$，连结 OC，求线段 OC 长的最大值。

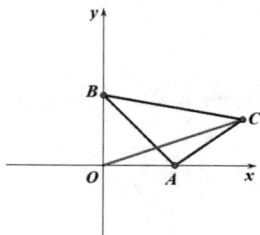
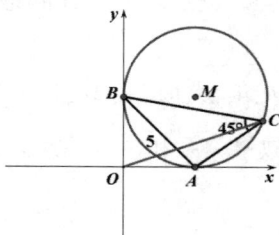
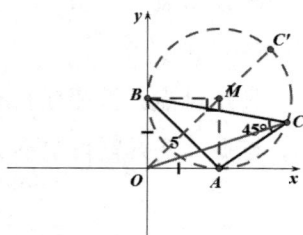

图 3   图 4   图 5

设计意图：这道题中是将原题进行改编，改编策略是将三角形放入平面直角系中，"在 △ABC 中，$AB=5$，$\angle ACB=45°$"的条件未发生改变，作出点 C 的运动路径（图 4），构建圆外一点，与圆上动点的最值问题（图 5）。

4. 改编 3：如图 6，在平面直角坐标系中，点 A（3.0），B（4.0），$\angle ACB=45°$，连结 OC，求线段 OC 长的最大值。

设计意图：本题作为巩固练习，利用上题经验，熟悉解决问题基本过程。

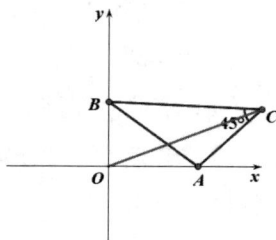

图 6

5. 改编 4：如图 7，在平面直角坐标系中，点 A 在 x 轴的正半轴，点 B 在 y 轴的正半轴，$AB=5$，$\angle ACB=45°$，连结 OC，求线段 OC 长的最大值。

设计意图：该题目中难点在与 A，B，C 三点的不确定性增加了题目的难度。

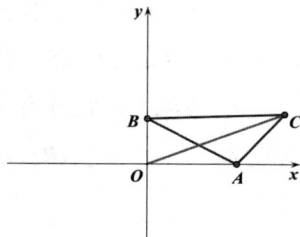

图 7

6. 自主小结

以上是本节课第一版教案，在试讲时只是将教学内容勉强完成。在课后反思中，明显感受到学生只是和我一起做了几道数学题，[1] 在经历了改编 2，将不定三角形放在平面直角坐标系中，定线段改编为定长的动线段，其中的变化过程没有直观地展现给学生，只为解题而解题，并且在解题过程中由于题目中特殊条件"$OA=OB$"，直接确定了 $\triangle ABC$ 的隐圆圆心坐标，从而直接求出了最值，没有给学生小结在运动变化中圆心和半径确立与哪些条件有关，模糊了定量与变量之间的联系。学生在学习改编 3 的时候，学生只是知道这里有个隐圆而已，无法直接作出 $\triangle ABC$ 的隐圆圆心。并在改编 2 的类比经验后，在改编 3 的计算中，就会侧重于圆心坐标的求解，中间又涉及构建"一线三垂直"的基本模型求坐标，有些脱离了本节课的探究学习最值问题，导致教学目标完成得不理想。

在改编 4 的时候，当 A，B，C 三点都不确定的时候，改编 3 中学习到的求隐圆圆心坐标的方法就无法迁移过来，当运动变化时，学生无从下手，图形变化无法感知。本节课的课题是解决在运动变化中的线段最值问题，回顾整节教学过程，运动变化整个过程不明显，如何运动，在运动中又发生了什么变化，各种变化之间的影响又是什么，都没有直接地体现出来。整节课堂气氛平淡，缺少了思维的碰撞和有效的总结，在课后询问学生整堂课收获了什么，也说不上来，也和我预期的相差很多。

（二）第二版教学过程

在第一版的基础中，增加了基础知识的复习，明确了圆的基本概念，以及圆的最值分类；在改编 1 中的隐圆问题中，进行补充，将常见的几种隐圆条件复习巩固；将改编 2，3，4 进行整合，通过运动变化过程进行探究，引导学生自己挖掘题目中的信息，找到这些关键点。最后补充了 1 个习题，让

---

[1] 冯俊. 视变式为常态，培养开放思维：有感于"圆中的最值问题"教学设计 [J]. 中学数学月刊，2016(4)：32–34.

学生能通过自主改编，达到学以致用，触类旁通。

1. 复习引入

（1）任意画一个圆，设半径为 r。

（2）在圆上取 A，B 两点，则弦 AB 的最大值。并指出此时弦 AB 为直径。取圆外一点 P，$OP=d$，Q 为圆上任意一点，求 PQ 最值。

设计意图：复习圆和点圆最值的相关知识点。明确 1. 确定一个圆的条件：圆心和半径。2. 求点圆最值需要半径，点与圆心的距离两个条件。

改编 1 在分析过程中加入常见隐圆的 4 种模型（图 8），依次是定点定长，定弦定角，直角所对是直径，对角互补。

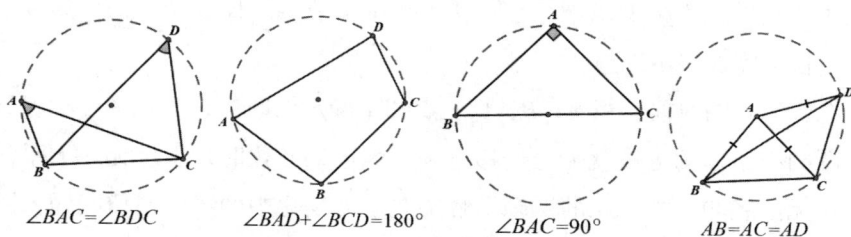

$\angle BAC=\angle BDC$ 　　 $\angle BAD+\angle BCD=180°$ 　　 $\angle BAC=90°$ 　　 $AB=AC=AD$

图 8

2. 对改编 2，3，4 的整合

如图 9，在平面直角坐标系中，点 A 在 x 轴的正半轴，点 B 在 y 轴的正半轴，$AB=5$，$\angle ACB=45°$，连结 OC，求线段 OC 长的最大值。

特例感知：

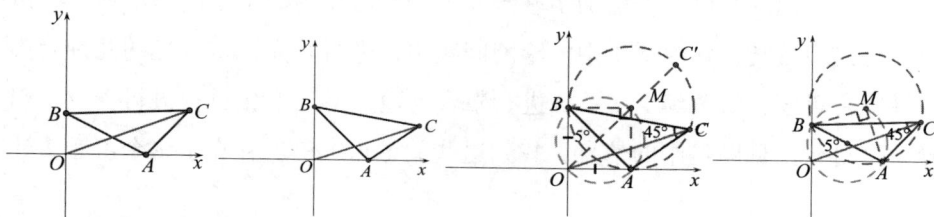

图 9 　　　　 图 10 　　　　 图 11 　　　　 图 12

若如图 10，$OA=OB$，求线段 OC 长的最大值。

设计意图：该题目中难点在与 A，B，C 三点的不确定性增加了题目的难度。从探究的角度考虑问题，从特殊到一般，借助特例感知，增加 $OA=OB$，将 A，B 两点确定，将 △ABC 的隐圆圆心位置确定，并由特殊角 ∠ACB=45° 得到圆心角 ∠AMB=90°，与平面直角坐标系中 ∠AOB=90°，构建第二个四点共圆，就将最终的最值问题转化为只与 AB 的长度有关（图 11）。依此来搭建解题方法，获得学习经验，在解决三动点问题中（图 12），就更加直观，有迹可循。

3. 自主改编

如图 13，在 Rt △ABC 中，$AB⊥BC$，AB=6，BC=4，P 是 △ABC 内部的一个动点，满足 ∠PAB= ∠PBC，连接 CP，则线段 CP 长的最小值_____。

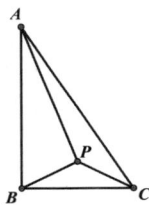

图 13

设计意图：通过自主改编，增加开放性探究，给予学生想象的空间，展现数学素养，发展数学能力的机会，巩固今天所学内容，让学生能进一步认识到，将题目的本质深挖出来，并且能够举一反三，融会贯通，这才是最终目的。

第二次试讲后，感觉在突出教学重点上有改善，学生在解决常见问题上有了基本解题思路。学生的开放性思维得到训练，学习积极性提高，通过"一题多变"实现"解一题，通一类"。通过知识点的碰撞实现学习的螺旋上升。同时又发现了一些新的问题，将定长定角三角形放到直角坐标系中时，学生动手操作性不强，对变化过程不够直观化，此处可借助几何画板动态演示，也可以在改编题目降低操作难度，利用学生手头上的一副三角板，在作图过程中，将变化条件极端化，做出对应图形，以此来感受一个运动变化过程。在改编教学中，不求多求全，而是要将讲的内容讲明白和透彻，旨在将运动变化中的最值问题一般化。

（三）第三版教学过程

在第二次试讲后，为激发学生兴趣和提高操作性，将改编题更换条件，学生借助三角板能够简单操作，教师借助几何画板动态演示，将整个运动过程展示出来。将问题成串，层层深入，将关注点放在学生的学上面，多角度多维度地提高数学方法，将核心放在思想方法上。

在改编2前面新增一题，如图14，在平面直角坐标系中，将含30°角的 Rt△ABC 放在第一象限，斜边的端点 A，B 分别在 y 轴的正半轴，x 轴的正半轴上滑动，连接 OC，则线段 OC 的长的最大值_____。

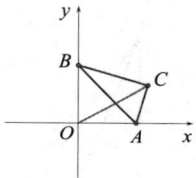 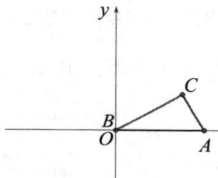 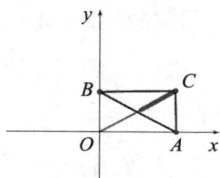 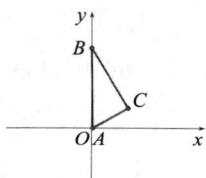

图14　　　　　　　图15　　　　　　图16　　　　　　图17

设计意图：本题以实物的形式，学生在探究运动变化过程中，可操作性增强，通过对极端情况下点 C 位置的确定，大致画出点 C 位置（图15，图16），能够更加直观地感受运动变化过程中，各种量之间的关系。同时，利用几何画板，动态演示当 AB 在坐标轴上滑动过程中，点 C 的运动路径（图17）。

在最后一个自主改编的环节中，让全班学生进行四人小组合作讨论，在开放题的设计中，由特殊展开，可以通过添加一个条件，或删一个条件来命题，也可以将原来三角形的背景换为平行四边形、菱形、矩形、正方形等等，然后进行对比，有哪些条件可以用，有哪些结论仍然成立，又会产生什么新的结论，将解题方法进行内化和外延。

四、反思

中考数学复习中，容易出现大容量、快节奏、高难度的误区，时刻重视基础这一点仍是重中之重。本节课即是对前面所学知识的一个综合运用，在此过程中，及时系统复习基本知识点、基本题型、基本方法，将零散的知识点进行有效的整合，是对学生逻辑思维品质的一个重要提升。当学生对所学知识感兴趣的时候，就会更加全神贯注地对所学内容进行分析、加工，知识的掌握效果就更好，可以为后续的学习做好铺垫。在改编教学中，为学生提供思维发展的阶梯，有利于学生构建完整、合理的新知识，将命题的主动权交给学生，有利于培养学生的开放性思维。现在，我们的课例还不够丰富，认识也不够全面，期待更多同行加入进来，以共同提高中考复习课的质量。

追本溯源，育思创维

诸暨市店口镇湄池初中　黄桃女

在初中数学教学中，基于核心素养的课堂教学培育是当前每一位数学教师所面临的重要问题。数学教学的基本任务是帮助学生把一个个数学知识理解到位并能用于解决问题，亦可称为数学解题教学。

解题教学的研究历来是数学教师聚焦的重点，这是由于数学教学离不开解题教学。作为数学教育的实践者，立足于数学教学，我们更关心的是：发展学生的"核心素养"，解题教学该怎么做？

"示以学生思维之道"，让学生经历完整的"获得对象—研究性质—应用拓展"过程，使学生学会思考，能用数学的方式认识问题和解决问题。这是数学教学的核心。而当前的数学课，许多教师采取了"会做题才是硬道理"的取向，"以例题讲解＋模仿练习"的方式让学生不断"重复着昨天的故事"，其结果是让学生做了大量无用功，不仅事倍功半，而且严重影响学生学习数学的兴趣和自信心，挫伤了他们的数学学习积极性，发展学生的核心素养也就成了一句空话。

笔者认为，数学解题教学不能仅仅停留在让学生去套题型、套方法、套过程。应该让学生重走数学的发现之路，进行"从无到有""从有到更有"的数学创造。那就需要在数学解题课堂中进行有意识、有计划的系统思维训练，提升和发展学生的潜力。接下去笔者将通过三个视角来引例阐述解题教学的培育过程。

一、数学生长视角：学习与思维发展

"生长"是教育最好的隐喻，杜威的教育观中有一句经典命题就是"教育即生长"。教育是为学习服务的，"学习即生长"也是判断学习的标准。

斯坦福大学的心理学家认为：人的思维方式从根本上分为两种，一种是成长型思维，另一种是固定型思维。拥有成长型思维的人才能持续发展不断进步。而学生之间的差距往往不是智商的差距，而是思维方式不同，成长型思维如同树木，不断积累进化，根系越扎越深，高度不停增长。固定型思维如同小草，虽年年生长，但高度永远没有增长，根系永远那么浅。显然时间越长，小草与树木差距越大！故而数学教师在解题教学中，若能通过生长性的学习来训练和培养，那就能提高学生的成长型思维。

例如，对定理"直角三角形斜边上的中线等于斜边的一半"的掌握应用。

例1：如图1，ABC中，$\angle ACB=90°$，$AC=4$，$BC=3$，D是AB的中点，求CD的长。

本题是对"直角三角形斜边上的中线等于斜边的一半"的定理的直接应用。

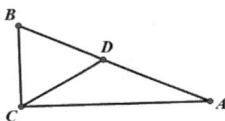

图1

例2：如图2，四边形$ABCD$中，$\angle BAD=\angle BCD=90°$，点$E$是$BD$中点，$F$是$AC$的中点，求证$EF\perp AC$。

本题综合运用了"直角三角形斜边的中线等于斜边的一半"及"等腰三角形三线合一"，需要整理相关信

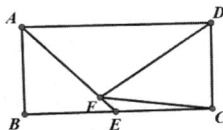

图2

息进行关联。先构造中线AE，CE，由定理得$AE=BD$，$CE=BD$，等量代换得$AE=CE$，再把AE，CE组成等腰三角形，应用"三线合一"得$EF\perp AC$。

例3：如图3，矩形$ABCD$中，E是BC的中点，DF垂直AE于点F，求证$CF=CD$。

本题原图中并不存在直角三角形及斜边上的中点，需把ABE旋转180°得到新图形（延长AE交DC的延长线于点G），从而构造出直角三角形斜边上的中线

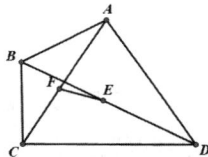

图3

Rt△*DFG* 中，*CF* 是斜边 *DG* 上的中线，即可应用该定理解决。

通过这三个例题层层推进，我们可以看到，根据已有知识创生新概念新方法，用多种方法分析转化陌生问题为已知问题，构造辅助元素使疑难问题变为可解决问题。这就做到了知识学习追本溯源，解题训练突破定式，反思总结感悟规律。

二、数学教学视角：感性思维升华为理性思维

数学教学的课堂容量不在于知识量，也不在于练习量，而在于思维量。思维是源，知识是流，思维是本，知识是末，教师传授的知识必须经过学生的思维加工才能被理解、被接受，未经消化的知识是伪知识、死知识，思维才是学科素养的根本。

解题教学中，需要"归一"。即对各种问题进行抽象简化，把问题归类，寻找共性规律，再把各种小类归成大类，不断地融合，形成解决问题的特殊规律、一类规律、普遍规律。万法归于"一"，以"一"贯之，驾驭各类方法，解决多种问题。

下面以实例来说明在解题教学中如何训练思维、提升理性水平。

母题：如图 4，已知点 *A*，*B* 是直线 *l* 一侧的两个定点，*P* 是直线 *l* 上的一个动点，求作 *AP*+*BP* 最小时点 *P* 的位置 *P′* 点。

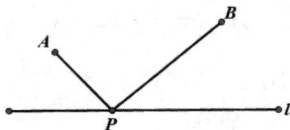

图 4

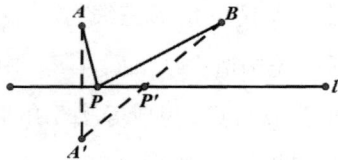

图 5

怎样想的：若点 *P* 居于点 *A*，*B* 之间，则三点共线时最短，依据是"两点之间线段最短"，但原图中无法共线，原因是直线 *l* 与线段 *AB* 无交点（*A*，

B 在 *l* 的同侧），那么用什么操作可以使点 *A*、点 *B* 居于直线 *l* 的异侧并且不改变 *AP*，*BP* 的长度呢？根据"轴对称的性质"可以实现这一操作！

怎样做的：如图 5，点 *A* 沿直线 *l* 翻折至点 *A′*，连接 *A′B′* 与直线 *l* 交于点 *P′* 即为所求作的点。或沿直线 *l* 将 *B* 翻折也可。

提炼规律：化同为异（同侧点翻折变换为异侧点），化折为直（折线段变为直线段）。即把问题转化为求两个定点之间的最短路径。

变式 1：如图 6，矩形 *ABCD* 中，*AB*=2，*BC*=3，*E* 为 *AB* 的中点，*F*，*G* 是 *BC*，*CD* 边上的动点，求四边形 *AEFG* 周长的最小值。

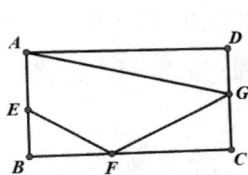
图 6
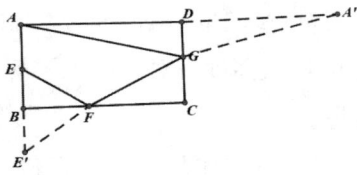
图 7
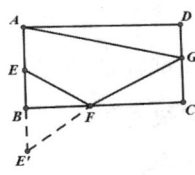
图 8

简析：首先，因为 *AE* 是定值，四边形 *AEFG* 周长的最小值转化为 *EF*+*FG*+*AG* 的最小值，再利用此类问题"化同为异，化折为直"的一般规律，把 *EF* 翻折成 *E′F*，如图 7，这时 *E′F*+*FG* 可化直，进而把 *AG* 翻折成 *A′G*，如图 8，三条线段 *E′F*+*FG*+*A′G* 即可化直，连接 *A′E′*，*A′E′* 即为所求最小值。

变式 2：如图 9，四边形 *ABCD* 中，∠*B*=∠*C*=90°，*AB*=*BC*=6，*CD*=2，半径分别为 2，1 的圆上有两个动点 *M*，*N*，*P* 是 *BC* 边上的动点，求 *PM*+*PN* 的最小值。

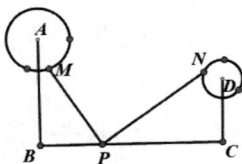
图 9
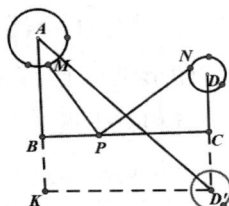
图 10

简析：仍然应用"化同为异，化折为直"的思路，如图 10，把 *PN* 及圆 *D* 翻折至 *BC* 另一侧，是折线 *PM+PN′* 共线且在过两圆心的直线 *AD′* 上即可。

解题教学中设计问题引导学生的深度思考，剖析思维过程，揭示问题本质，总结解题策略和思维方法，帮助学生形成完整的知能结构，包括完整的知识技能系统和方法策略系统，深刻理解知识本质，从感性思维升华到理性思维。

三、数学命题视角：难题的设计与破解思维

解决难题可以训练思维，难题也是不少同学害怕和讨厌的"怪物"。其实，揭开难题这个"怪物"的神秘面纱，对它深入了解，和它深度交流，就会发现它很简单，也很有意思。

在教学中，我们可以通过对题目中冗余条件和无用信息忽略，把复杂问题分解分布完成，把隐藏信息转化为显现，使得各类难题简单化。如四边形问题可以简化为三角形问题，图形的旋转归结为一转成双模型，作辅助线构造特殊图形，把关键图形运动变换以建立关系，动点问题画出其轨迹确定位置。

简单化是分析问题非常重要的基本原则，可以用进退、分合等策略。

（1）进：看条件，推结论。从条件出发，看由已知能得到什么新结论，寻找与所求问题的联系。

（2）退：看结论，寻条件。从结论出发，看要得结论需要什么条件，寻找与已知条件的联系。

例 1：如图 11，在平面内，线段 *AB*=6，*P* 为线段 *AB* 上的动点，三角形纸片 *CDE* 的边 *CD* 所在的直线与线段 *AB* 垂直且相交于点 *P*，且满足 *PC=PA*。若点 *P* 沿 *AB* 方向从点 *A* 运动到点 *B*，则点 *E* 运动的路径长为_____。

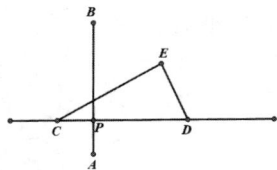

图 11

简析：由于三角形纸片 *CDE* 是整体平移的，可知要求 *E* 点的路径只需求三角形中任一点的平移距离即可，从而转化为求点 *C* 的路径，由 *CAP*=45° 知

点 C 运动轨迹为线段，易求点 C 运动路径长为 $6\sqrt{2}$。

（3）分：分层分布。把复杂问题分解为基本问题，按次序逐步解决。

（4）合：整合组块。把杂乱无序的信息整合成有联系有结构的整体。

例2：如图12，已知 A，B 两点的坐标分别为 $(8，0)$ $(0，8)$，点 C，F 分别是直线 $x=-5$ 和 x 轴上的动点，$CF=10$，点 D 是线段 CF 的中点，连接 AD 交 y 轴于点 E，当 $\triangle ABE$ 面积取得最小值时，$\tan \angle BAD$ 的值是_____。

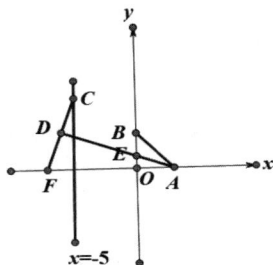

图 12

简析：问题分解为四个步骤，①判断当 BE 最小时（或 $\angle BAD$ 最小时）ABE 面积取得最小值；②判断点 D 的运动轨迹为圆；③判断当直线 AD 距圆心最远时 $\angle BAD$ 最小（可用三角函数证 $\angle OAD$ 最大），此时 AD 与 $\odot M$ 相切，如图13；④ $\angle BAO$ 与 $\angle EAO$ 的大小确定，$\angle BAD= \angle BAO- \angle EAO$，构造直角三角形求 $\tan \angle BAD$ 的值。

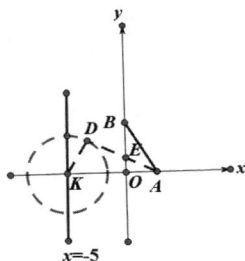

图 13

天下大事必作于细，天下难事必作于易。在解题教学中把难题一层层抽丝剥茧，那就可以拨开云雾见月明。

笔者在参加教研活动时，听到许多专家评论一节好的数学课就是六个字"讲明白、讲清楚"。而学生的思维能力是需要教师在课堂教学中去培养的。不能把课堂教学的"教"的过程也当成考场上快速答题的训练过程。教学的时候需要学生慢下来去思考问题。

因此，在学生学习数学的过程中，教师要引导学生经历"从头到尾"地思考数学问题的过程，学会用最基本的数学概念理解问题，学会自己研究、探索，寻找方法去解决问题。数学思维能力提高了，学生理解问题的能力才会加强，思考问题的速度就会越来越快，越来越敏捷。

第三章

技术教学——理解图形

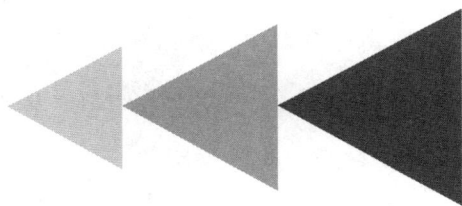

《义务教育数学课程标准（2022版）》明确初中阶段图形与几何领域包括"图形的性质"、"图形的变化"和"图形与坐标"三个主题。学生将进一步学习点、线、面、角、三角形、多边形和圆等几何图形，从演绎证明、运动变化、量化分析三个方面研究这些图形的基本性质和相互关系。

新课标在教学建议中强调"选择能引发学生思考的教学方式"。首先注重教学方式的多样性，注重启发式、探究式、参与式、互动式等教学，探索大单元教学，积极开展跨学科的主题式学习、项目式学习等综合性教学活动。其次强化情境设计与问题提出。教师选择贴近学生生活经验、符合学生年龄特点和认知加工特点的素材，在教学中让学生接触社会、经济、文化和科学等多个领域的真实情境，培养学生综合运用数学及其他学科的知识与方法发现和解决实际问题的能力。

本章中教学技术的创新是一种实践创新，重在实践，是基于核心素养的教学创新。在教学实践中，我们可以从教学模式、教学策略、学习方式、教学环节、教学内容等多方面进行探索实践。

基于"先学后教"的探索与实践

诸暨市姚江镇直埠初中　吕晓亮

新课标改革的深入开展，数学教育越来越重视对于学生实际解决问题能力的培养，以及对于学生动手能力和学习能力的提高。新课标理念下，初中数学教学的主要目标是数学教师创新教学的方式，不断激发学生的学习兴趣。"先学后教"的初中数学教学模式是新课标下数学教师对于数学教学的探究，能帮助学生打好数学基础，是培养学生数学学习兴趣的良好模式。

一、"先学后教"的必要性

我们主要从以下几个方面入手分析初中数学教学的现状。

（一）教学方式传统

在当前初中的数学教学中，传统的应试教育依旧占据着重要的地位，数学教学的重点也就放在了学生的解题技能上，对于学生分析和理解数学题目的能力培养不足。很多初中生会觉得初中的数学应用题很难。在初中的数学教学中，数学教师依旧是数学课堂中的主体，学生只是被动地接受知识，学生的数学思维的培养和解题能力的提高都受到了阻碍。

（二）学生基础薄弱

受传统应试教育的影响，初中生的学习方法和思维习惯受到了一些误导。

大部分初中生仅仅关注书本上的理论知识，对于应用题在生活中的应用往往不是十分重视。大部分初中生很难理解应用题中的解题技巧，做不到举一反三。对于一些"换汤不换药"的数学应用题，很多学生都不会做。数学知识具有连贯性，如果一个环节落下来了，其他环节也就跟不上。有很多学生的数学基础在小学的时候就比较薄弱，不能很好地理解数学应用题的题意，这也就导致了初中数学应用题教学出现问题。

（三）学生实践能力不强

初中的数学课程比较紧，数学教师为了赶进度只重视教授解决数学应用题的理论知识，对于学生理解能力和解决问题的能力的重视程度不高。在遇到实际问题的时候，大部分初中生不能运用数学知识来解决问题，大部分初中生的实践能力不够强。

比如在初中数学的教学过程中，很多学生和教师认为应用题是教学的重点和难点。绝大多数的应用题是来自于生活的，与生活的联系非常的密切。初中的时候，学生将逐渐接触到应用题。初中数学中应用题的教学就是为了让学生在既得的理解能力上，能够将数学语言转化为文字语言，从而解决实际的问题。此外，初中开展应用题教学还是为了让学生能够认识到数学与生活的联系。在初中的数学教学中，要把应用题的教学作为整个数学教学的重点，要用合适的手段把数学理论知识应用到日常的生活中去，在提高学生解决数学应用题能力的同时，提高学生对于数学的学习兴趣。把"先学后教"教学模式引入到初中数学教学中去，能够简化数学应用的教学，增加学生的学习数学的兴趣。

自己去学习并且发现问题是学生学习任何知识的良好方式。学生通过自己的发现能够找到事物之间的联系和规律。通过学生的"先学"能够让学生掌握学习的主动权。教师可以将"先学"分为两个阶段，第一阶段为晚上晚自习的时候抽出 10~20 分钟让学生集体预习明天课上的内容，并且安排 5 道题来检测学生的预习情况；第二阶段可以放在数学课堂上，数学教师要引导学生明确数学教学的目标，这样不仅能够节省学生学习的时间还可以增加学生的预习效率。

所谓的"后教"，就是教师要根据生活中与课堂相关的内容来进行课堂设计。这样可以很好地激发学生的学习兴趣，让学生找到合适的解决方案，提高学生在数学应用方面的认识。

二、"先学后教"教学的合理化措施

（一）提高学生的学习兴趣

兴趣是学生最好的老师。教师在开展数学教学时，要注重培养学生对于数学的学习兴趣，尤其是对于一些数学中的重点和难点。提高学生对于数学的学习兴趣，要做到以下几点：第一，要和学生之间建立和谐的师生关系，学生在学习的过程中不会因为不会做题目而感到自卑；第二，要为学生营造良好的学习环境，最好能把生活中的实际情境与数学理论知识相结合；第三，要在课堂上增加学生与学生之间、学生与教师之间的沟通，让学生真正成为学习的主人。

教师可以将情境教学法应用到初中数学的"先教后学"的教学中。尽量选择与学生的生活实际最相符合的应用题实例来讲授解决数学应用题的解题思路和解题方法。数学应用题有一套解题思路，教师需要作的就是教授学生如何解决实际的数学问题。也可以在应用"先教后学"模式时采用分组教学法，可以按照学生的座位把学生分为若干组。首先，让学生在小组内进行自主学习，然后每个小组可以派一名代表来解答实际的应用题，最后教师做一个总结和指导。

案例：《等腰三角形》这一课的学习中，可以先通过抛出话题来引入主题。

如"你认为什么样的三角形是等腰三角形？""生活中有哪些物品是等腰三角形？""如何向别人证明此三角形是等腰的？"等问题。然后留出 10 分钟的时间给学生自主思考，学生可以通过折纸的方式来观察一下等腰三角形，理解等腰三角形的性质，也可以通过跟其他同学交流探讨来拓展自己的思维；数学教师可以用 5 分钟来让学生展示和交流，然后数学教师进行总结归纳，最后可以引入等边三角形的证明方式，如"一个角等于 60° 的等腰三角形，是等边三角形"等数学理论知识。在课程结束前 5 分钟，数学教师要及时做好课堂评价，可以让学生发表一下课堂的学习感受以及自己对于课堂教学的建议，总结一下课堂上学习到的知识；最后数学教师可以留一些证明等腰三角形和判定等腰三角形的练习题，来拓展和检验学生的应用能力。数学教师还要将下节课需要教授的内容先告知同学们，把提前准备好的话题先留给同学们。按照浙教版八年级上册的教材，教完等腰三角形可以教全等三角形以及全等三角形的证明方法。数学教师可以提前留一些话题："什么样的三角形是全等三角形？生活中的全等三角形有哪些？如何证明这两个三角形全等？证明三角形全等有什么作用？"学生通过这些话题，可以很好地将等腰和全等的概念进行区分，既巩固了上节课知识又预习了下节课的知识，可谓一举多得。

（二）提高学生的学习和理解能力

在初中数学的教学中，教师不能一味强调学生的学习成绩。如果一味注重教学的成果，用学生的学习成绩来衡量学生对于数学知识的理解和应用，就不能很全面地反映教师的教学水平和学生的学习情况。数学教师要让学生养成课前预习的习惯，培养学生自主学习和探索学习的能力。此外，还需要引导学生把晦涩难懂的数学语言转化为文字语言，化繁为简才能做到举一反三。将"先教后学"的模式更好地利用到数学的教学中去，学生和教师都能事半功倍，教师可以提高教学的课堂效率，学生可以提高对于数学的学习兴趣。

学生只有充分地理解了题目意思之后，才能够很好地解决问题。初中的数学应用题解题的基础就是能够做好审题工作。初中数学应用题大部分来自于生活实际，初中生的生活经验不十分充足，因此不能很好地理解数学应用题的真实目的。数学教师要加强对于初中生的引导，帮助初中生理解数学应用题的实际用处。为了达到既定的教学目标，数学教师可以组织一些数学实践活动，来提高学生的理解能力和实践能力。

（三）定期进行达标测评

达标测评就是我们在教学过程中说的当堂训练。对于学生数学学习进行合理的评价可以使得学生关注自己的学习结果和过程。达标测评包括多方面的内容，其中包括过程评价、学习成绩测评等。过程性评价能够让学生获得学习上的满足感，增强学生的学习信心，培养学习数学的兴趣。数学达标测试通常的形式可以有三种，耗时大约10分钟。第一种数学达标测试的方式是在一些数学概念课程中，教师可以用定理、定义和一些性质作为主要的教学内容。这种测试的提醒可以用选择题和填空题的题型来进行。第二种数学达标测试的方式是书上的例题，教师可以让学生来对书本上的例题进行试讲。第三种数学达标方式是实践性的数学题目，可以适当激发学生的好奇心和探究意识。

初中数学在中考中占据的比重很高。随着新课标的深入发展，初中数学的教学也越来越偏重于实际化和应用化，尤其是一些数学应用题更是以解决数学实际问题为主。面对当前初中数学教学存在的问题，教师要从提高学生的学习兴趣、提高学生的学习能力和提高学生的理解力入手，要利用好"先学后教"的数学教学模式，在初中阶段给学生的数学打下良好的基础。

基于"几何直观"的教学策略

诸暨市店口镇湄池初中　冯佳超

"几何直观"是核心素养之一，指的是利用图形描述和分析问题，能够将复杂问题更加形象、具体。"几何直观"是看不到摸不着的，在教学中不可能一股脑地给予学生，也不可能以具体的形式呈现。因此，本文以课堂实录中"瓜豆原理"的教学为例，谈谈如何渗透"几何直观"这一核心素养，提升学生的几何直观能力。

一、教学分析

（一）学情分析

笔者所在学校使用浙教版教材。学生已经具备了初中所有知识，有一定的空间想象、推理能力，但是对于旋转伸缩的思想还不够深刻，缺乏用动态的观念去理解、分析问题的能力。

（二）教学目标

（1）通过探究、合作学习，用旋转法解决一些问题。

（2）会从动态的角度看问题，获得几何直观能力、空间想象能力、抽象概括能力的提升。

（三）教学重、难点

教学重点：用"旋转"+"伸缩"的方式解决一些几何问题。

教学难点："瓜豆原理"这一类题中探究点的轨迹。

二、教学策略

（一）加强动手实践环节，获得感官体验

"几何直观"比较抽象，学生对于其理解也比较困难，可以从一些具体的操作入手，先让学生有一些直接体验。

提出问题：如图 1，点 P 是圆 O 上一个动点，A 为定点，连接 AP，作 $AQ \perp AP$ 且 $AQ=AP$，当点 P 在圆 O 上运动时，Q 点轨迹是什么？

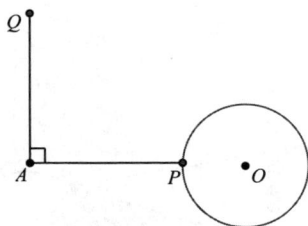

图 1

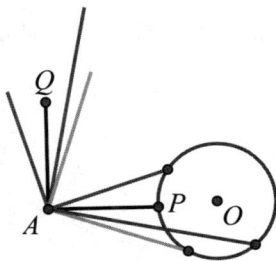

图 2

猜想：学生提出自己的看法——圆，少数人认为可能是直线。

教师：如果想要初步确定点 Q 的轨迹是直线还是圆，你们有什么方法？

验证：学生通过动手实践，取几种确定的点 P，作出相应的点 Q。以此检验自己的猜想是否正确（图 2）。

作为一个引例，要引起学生的思考，并能架构起新旧知识。学生缺乏带有"旋转"的思想来看待问题，通过猜想、动手作图这一环节，一方面丰富了学生的图像经验，让学生在直观上、思维上都有了更直接的体会。另一方面，也有意识地带给学生：点 P 绕着点 A 逆时针旋转 90°，呼应本课时的难点——

旋转。接下来利用旋转法来探究该问题就相对简单了。如图3，将△AOP绕着点O逆时针旋转90°得△AQM，易知点Q在圆M上运动。

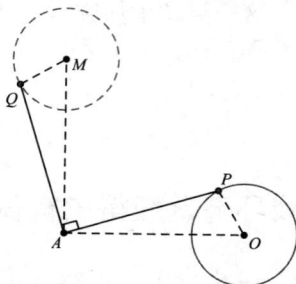

图3

（二）进行变式教学，培养学生的感性认识

例1：如图4，△APQ是直角三角形，∠PAQ=90°且AP=2AQ，当点P在圆O上运动时，Q点轨迹是什么？

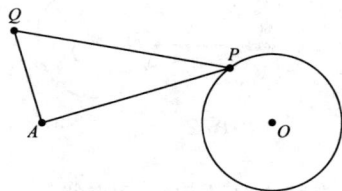

图4

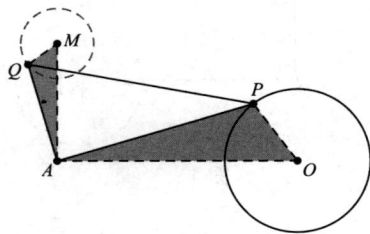

图5

教师：你觉得现在点Q的轨迹还是圆吗？现在这一情景和刚刚的区别在哪里？

学生1：现在点P绕着点A逆时针旋转90°不是和点Q重合。

学生2：现在AP=2AQ。

教师：若将点P绕着点A逆时针旋转90°怎么能和点Q重合。

学生3：旋转90°后，再将长度缩短为原来的一半。

学生 4：也可以反过来理解，先将 AP 缩短为一半，再进行旋转。

合作学习：小组间交流探讨，得出作法。将 $\triangle AOP$ 绕着点 O 逆时针旋转 $90°$，并缩小到原来的一半，得 $\triangle AQM$，易知点 Q 在圆 M 上运动（图 5）。

追问：圆 M 和圆 O 的半径有什么数量关系？为什么？两个圆心的位置变换可以怎么理解？

总结：点 M 和点 O，点 Q 和点 P 的位置关系，相当于是"旋转 + 伸缩"。

例 2：如图 6，当动点 P 在圆 O 上运动时，从动点 Q 满足 $\angle PAQ$ 为定角，$AP{:}AQ$ 值一定，探究点 Q 的运动轨迹。

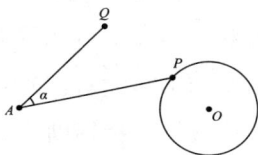 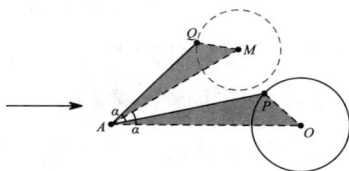

图 6　　　　　　　　　　图 7

进一步思考：建立在引例和例 1 的基础上，将具体的数量关系抽象化。但是，两个动点与定点的夹角 α 仍然为定角，两个动点和定点的线段比也不变，在变化过程中点 Q 仍然由点 P 通过旋转、伸缩得到。

几何问题具有一定的抽象性，需要不断积累感性认识来加以分析。一个人头脑中的素材越多，更有利于对本质特征进行区分，能提升空间想象能力。同时，对于架构新的知识也有很大的帮助。通过三个例子，学生不难发现，点 Q 和点 P 的位置关系是"旋转" + "伸缩"，从而导致它们的运动轨迹也相似，也是通过"旋转" + "伸缩"。最后，可以让学生借助图形对此类情景做一总结概括，使得思维有进一步的提升。

总结：$\angle PAQ$ 是定值；$AP{:}AQ$ 是定值。

结论：（1）动点与定点连线的夹角等于两圆心与定点连线的夹角：$\angle PAQ = \angle OAM$；

（2）动点与定点的距离之比等于两圆心到定点的距离之比：$AP{:}AQ=$

$AO:AM$，也等于两圆半径之比。[1]

按以上两点即可确定从动点轨迹圆，Q 与 P 的关系相当于"旋转"＋"伸缩"。

由于此类情景，类似生活中的种瓜得瓜，因此我们把该问题称作"瓜豆原理"，而在数学中，其实是"种圆得圆，种线得线"。

（三）巧用多媒体工具，培养学生空间想象

随着科技的不断进步，通过 PPT 呈现教学内容的形式已经非常普遍。因此，在数学教学中，熟练应用多媒体，提供一些基本的图形例子，能将抽象问题更加具体化，将复杂图形变得更加直观。而在本节课教学中，我们也可以通过几何画板呈现轨迹问题（图8、图9、图10），不仅能吸引学生的兴趣，还能培养学生的空间想象能力。但是，多媒体只是一种辅助工具，不能完全依赖多媒体，或者花太多时间在多媒体上。

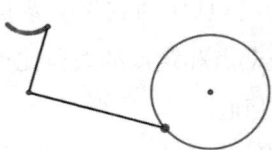 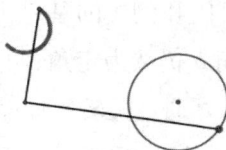 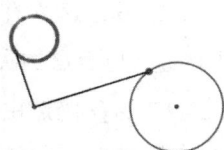

图8　　　　　　　　　图9　　　　　　　　　图10

（四）注重基础知识训练，强化学生几何直观

"纸上得来终觉浅，绝知此事要躬行"。数学学习贵在自主探索，虽说教师是教学过程的组织者、引导者，但是学习的主体仍然是学生。几何直观的培养，要从基础做起，没有扎实的基础，谈不上直觉思维和空间想象。因此在教学中，我们需要做好让学生在适当的练习中，完成对基础的巩固，培养学生的几何直观和空间想象力。因此，本课中，完成探究后设置了两个习题

---

[1]　宋璨．剖析瓜豆原理，探究动点轨迹 [J]．数学教学通讯，2021(14):79–80.

进行巩固，一方面保护学生已有的直观感受，另一方面也让学生的思维不受局限，从而提高直观洞察力。

练习：如图 11，点 P（3，4），圆 P 半径为 2，A（2.8，0），B（5.6，0），点 M 是圆 P 上的动点，点 C 是 MB 的中点，则 AC 的最小值是 _____。

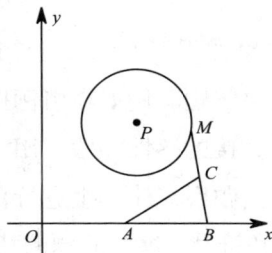

图 11

分析：求 AC 的最值，需要找点 C 的运动轨迹。该问题中，点 M 和点 C 都为动点，且 $CB:CM=1:2$。其实就是瓜豆原理的一个特殊情况，只不过在这里两个动点不需要通过旋转。通过取 BP 中点 D，以 D 为圆心，CD 为半径作圆，即可确定点 C 的轨迹。在此问题中，定量之一夹角变为了 0 度，其实相当于动点 C 和动点 M 的位置关系是旋转了 0°，再进行伸缩。

拓展：如图 12，△APQ 是等腰直角三角形，∠$PAQ=90°$ 且 $AP=AQ$，当点 P 在直线 BC 上运动时，探究 Q 点的轨迹。

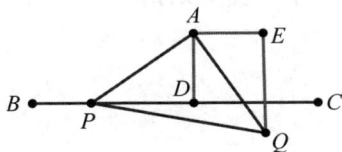

图 12

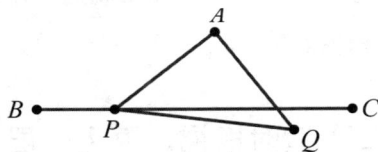

图 13

初步感知：动点 P 和 Q 在这里仍然满足旋转的关系，但是发现点 P 的运动轨迹是直线。

进一步思考：猜想点 Q 的轨迹很有可能也是直线。找到题目中的定长——

点 A 到直线 BC 的距离。

分析：如图 13，作 $AD \perp BC$ 于点 D，将 $\triangle APD$ 绕点 A 逆时针旋转 $90°$ 得到 $\triangle AQE$，易知 AE 和 AD 垂直。

（五）重视数形结合，将问题直观化

动态问题的复杂性和抽象性不言而喻，这个时候更需要我们化动为定，通过直观的图形去分析、解决问题。例如在引例探究的过程中，学生通过作一些特殊情况的图形，获得直接的感性经验，用"形"来辅助，让看得见的东西来帮忙。再比如，三个例题后，让学生进行自我总结反思。用抽象的语言比较难概括，而借助图形和符号，能将问题的特征和结论清楚地描述出来，更加直观、形象。

三、教学思考

（一）系统构建，形成思维

几何直观能力的培养，不是一朝一夕的事，需要教师持之以恒，不断渗透。因此教学中要循序渐进，可以从以下几个环节展开：环节一，引例导入（涉及全等三角形），为后续铺垫；环节二，例题探究（进阶到相似三角形），在变式中思考；环节三，抽象概括，在更一般情景中提炼结论；环节四，应用探究，积累数学经验。

（二）适时搭梯，更上一层

"瓜豆原理"这一类问题，是动态变化的。要解决此类问题，关键点在于理解两个动点的位置关系——"旋转"+"伸缩"，从而类似地得到两个圆心的位置关系，再探究两个半径的数量关系。

本文通过探究例题，再去理解数学中"种圆得圆，种线得线"，即两个动点的轨迹是相似的。为了"人人都获得良好的数学教育，不同的人在数学上得到不同的发展"，[1] 对表现突出的学生，我们还可以进一步引导思考两者轨迹的周长比就等于两动点到定点的距离比。而在探讨轨迹为直线中，还能更进一步研究两个动点的轨迹——两条直线的夹角问题。

结语

数学是一门充满逻辑性的学科，也是不断发现和解决问题的学科。教师应该在其中做好引领作用，依据学生的现有水平和教学策略，通过链式发展的问题串，不断激发学生思考，指向学生的空间想象和几何直观能力的发展。

---

[1]　义务教育数学课程标准（2022 年版）[S]. 北京：北京师范大学出版社，2022.

基于"变式教学"的课堂研究

诸暨市明诚初级中学　寿杨胜

在现代教育背景下，变式教学是适合初中数学课堂教学的方法之一。利用变式教学方法开展教学活动，既可以增强学生的学习兴趣，加深学生对数学知识的理解与掌握，而且还可以提高学生的逻辑思维能力，促进其创新思维的发展。而教师作为变式教学的主导人，要严格遵守相关原则，然后在此基础上做好变式教学实践活动。

一、初中数学课堂教学中开展变式教学应遵循的原则

（一）目的性原则

目的性原则，就是说在变式教学时，要符合教学目标，明确哪些知识点可以变，哪些知识点不可以变？为什么要变？不可以机械性地为了变式教学而变式。数学教学是教师与学生依据制定好的目标所开展的一种互动活动，因此，教师要先确定教学目标，然后合理开展变式教学，并在此过程中引导、鼓励学生完成学习目标，这样，才能让变式教学真正成为数学教学助推力。[1]

（二）启发性原则

想要发展学生的数学思维，教师必须要发挥启迪与引导作用，为此，在

---

[1]　麦启智 . 通过变式教学培养创新意识：初中几何数学个例分析 [J]. 基础教育研究，2003(10):1.

变式教学中，数学教师要始终坚实以"启发学生思维"为核心，注意变式教学的具体实施方法，针对不同学习能力、学习基础的学生，选择合适的变式教学策略，从而增强学生的数学兴趣，这样学生可以更积极地参与到问题的分析、研究与解决中，活跃他们的数学思维。

（三）量力性原则

初中阶段的数学课程难度有一定增加，且略显枯燥，很多学生在学习中会遇到各种问题，如果教师没有鼓励引导他们，他们很快会失去学习数学的兴趣。因此，在变式教学中，教师要始终坚持量力性原则，简单来说，就是教师针对自身教学方式的变化做好准备，尽可能让每一位学生适应教学方式的变化，这样，变式教学才能达到预期效果。[1]注意，教师作为主导，一定要把握好"度"，只有将"因材施教"与"因人施教"两者有效结合起来，才能真正发挥变式教学的作用。

二、初中数学课堂变式教学分析

（一）数学概念性的变式教学

1. 概念的引入变式

好的引入是成功的一半。在概念教学中，数学教师要根据概念类型设计引入方法，在生活实际中还原概念，让学生根据自身的生活经验与已掌握知识进行观察、思考、猜想、交流等活动，让本节课的教学有一个好的开端。之后，再通过变式教学移植概念属性，将实际问题转化为数学问题，让学生了解知识的形成过程，掌握数学概念。[2]就像在教授"线段、射线和直线"相关概念的时候，教师可以利用光线、数轴、木棒等可以看到的物体当作参

---

[1] 谢淑云. 初中数学课堂教学中"变式教学"略谈 [J]. 试题与研究：教学论坛，2020(5):19-20.

[2] 叶聪真. 初中数学变式教学的认识分析和实践研究 [J]. 考试周刊，2020(23):2.

照物，然后将概念引入其中，再通过变式观察、比较这三个物体的端点，分析这三个物体是否可以测量长度，是否具有延伸性，引导学生认知这三个概念的本质属性。之后，再区分线段、射线、直线的概念，并让学生在生活中找实际模型进行实践，深化对线段、射线、直线概念的理解和掌握。

2. 概念的反例变式

在概念教学中，要让学生抓住概念中的关键性词句，找准概念本质属性，避免学生出现概念混淆、应用失误等情况。为此，教师在实际教学中，可以利用反例变式辅助教学，利用反例纠正学生对概念的片面认识，而这远比正面例子教学更具效果。就像在"正方形"的教学中，该概念将菱形与矩形的本质属性结合在一起，学生在学习时非常容易将正方形、菱形、矩形三者混淆在一起，为此，教师可以借助反例变式教学，让学生区分正方形、菱形、矩形。

例题1：在下列命题中，正确的有（　　）。

A. 对角线相等的菱形是正方形

B. 四个角都是直角的四边形是正方形

C. 一组邻边相等的平行四边形是正方形

D. 对角线相等的矩形是正方形

变式：在下列命题中，正确的有（　　）。

A. 对角线相互垂直的矩形是菱形

B. 对角线相等的平行四边形是正方形

C. 对角线相互垂直平分的四边形是正方形

D. 邻边相等的矩形是正方形

通过这类的反例变式教学，学生对概念有更为清晰的理解，以及更加深刻的掌握。

（二）数学应用性的变式教学

1. 命题的变式应用

在数学知识中，我们通常将判断某件事的语句称为命题，在数学中，命题主要是由公式、概念、符号组合而成，将命题变式教学应用于数学公式、定理与推理的教学中，引导学生用类比的方法与思想解决数学问题。[1] 这种教学方式可以有效拓展学生的数学思维，让他们可以熟练应用公式。就像相交弦定理（圆内的两条相交弦，被交点分成的两条线段的乘积相等），教师在讲授的时候，可以利用变式，如下题所示：

例题 2：如图 1 所示，弦 AB 与 CD 在圆 O 内相交于点 P，求证：$PA \cdot PB = PC \cdot PD$。

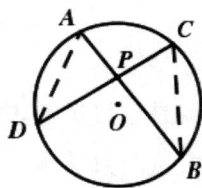

图 1

变式 1：如图 2 所示，CD 是圆 O 的直径，$AP \perp CD$，结论如何？

推论：$AP^2 = PC \cdot PD$

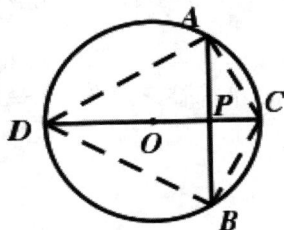

图 2

---

[1] 赵赟洁. 初中数学教学中的变式训练分析 [J]. 数学学习与研究，2019(17):1.

变式 2：如图 3 所示，如果点 P 是圆 O 外的一点，$PA \cdot PB$ 与 $PC \cdot PD$ 的关系如何？

结论：由相似得出割线定理：$PA \cdot PB = PC \cdot PD$

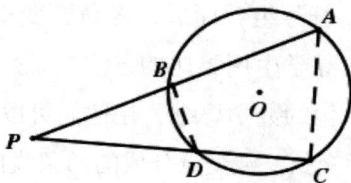

图 3

在这个过程中，教师可以利用几何画板不断改变 P 点的位置，让学生观察 P 点的变化，明白图形的相似关系不变，从而让学生领悟命题变式的本质，提高学习效果。

2. 解题的变式应用

在数学教学中，一个核心点就是题目讲解。在以往的教学中，教师采用的教学方法就是刷题，让学生做大量的数学题，从而提高学生对知识的应用能力。虽然这种方法能够起到一定作用，但是枯燥性较强，无法很好地吸引学生。因此，教师可以采用变式训练，让学生掌握基础知识，并做到"举一反三"。

（1）一题多解。在一题多解的教学中，主要是引导学生从多个角度、多个层面分析、解决问题，寻找问题的多种解决方法，促进学生发散思维的发展。

例题 3：如图 4 所示，ABC 是等腰三角形，$AB=AC$，$BE \perp AC$，$CD \perp AD$，求证 $BE=CD$。

证法 1：证 $\triangle ACD \cong \triangle ABE$。

证法 2：证 $\triangle EBC \cong \triangle DCB$。

证法 3：利用等面积法。$S_{\triangle ABC} = \dfrac{1}{2} AB \cdot CD$，$S_{\triangle ABC} = \dfrac{1}{2} AC \cdot BE$，由 $AB=AC$ 可以得出 $BE=CD$。

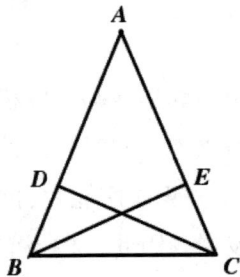

图 4

因为每个学生的思维不同，问题的分析角度不同，所以对题目信息的加工也呈现多样性。但是一题多解的重点并不在于解题方法的"多"，而是引导学生通过类比、归纳，明确哪些解题方法是通用的，哪些解题方法是最优的，进一步拓宽学生的解题思路。

（2）多题一解。所谓多题一解，主要是将多个表面看似不同，但是解题思路与策略相似的题目放在一起进行对比，寻找同一种解题方法，培养学生的化归思想。

例题 4：方程 $x^2-(m+1)x+6=0$，请问 m 为何值时方程有实根？

变式 1（二次函数变式）：二次函数 $y=x^2-(m+1)x+6$，请问 m 为何值时二次函数的图像与 x 轴有公共点？

变式 2（不等式变式）：请问 m 为何值时，不等式 $x^2-(m+1)x+6\leqslant 0$ 有非空解集？

变式 3（多项式变式）：请问 m 为何值时，二次三项式 $x^2-(m+1)x+6$ 可以分解为两个不同因式的积？

在多题一解的教学中，主要是让学生通过多个变式题发现彼此之间的关联点，明白数学中数量可以巧妙转化的道理，并且通过保留数学题目的本质内容，改变非本质属性，让学生体会"万变不离其宗"，从而进一步提高学生的归纳能力，让他们做到活学活用。

结语

综上所述，在日常教学中，数学教师可以积极转变教学思路，采用变式教学法，提高学生的数学学习兴趣。同时，这种教学方法可以将理论知识与实践有效结合起来，提高学生的知识应用能力、问题解决能力、归纳总结能力，促进学生数学思维的进一步发展。因此，在当前的初中数学课堂上，变式教学法值得推荐。

基于"思维拓展"的应用初探

诸暨市店口镇湄池初中 杨姣姣

数学教学不只是传授数学基本知识和基本技能，更应重视学生思维能力的培养。在日常教学中，教师要做一个有心人，除了常规的教学，其实还是有很多意想不到的点可以作为突破思维的契机。以此为素材的教学，不光能吸引学生的兴趣，提高学生的学习积极性，还能对常规思维造成冲击，开拓学生思路，培养学生的探究精神。例如，我们知道在证明三角形全等的方法中，有一种是"边角边"，上课的时候老师肯定强调过一定要是夹角才能证明三角形全等。但是如果不是夹角，即"边边角"呢？很多老师在讲解的时候可能就匆匆带过了，实际上这就是一个很好的拓展思维，帮助学生更好理解图形的教学素材。在一次送教下乡的活动中，有位老师就以此为主题，上了一堂突破常规、拓展思维的公开课。现和诸位同人分享这节课的教学实录。

一、教学过程

（一）复习旧知，引入新课

师：前面我们学习了三角形的全等，请同学们回忆一下有哪些三角形全等的判定方法？

生（众）：边边边、边角边、角角边、角边角、*HL*。

师："边角边"中的等角，应该是什么角？

143

生（众）：两边的夹角。

师：那如果这个角不是夹角，而是邻角呢，也就是说"边边角"能证明全等吗？

生（众）：不能。

师：那当这个邻角是直角呢，"边边直"能判定全等吗？

生1（思考了一会儿）：可以的，其实就是 HL。

师：也就是当"边边角"在某些条件下还是能成立的。那是否还存在其他特定的条件下满足"边边角"的两个三角形全等？我们今天就来研究这个问题，"边边角"的再认识。

点评：以回忆的形式进入课堂，直截了当认识边边角不能证全等。从边边角为特殊条件，角是直角情况下为接下去的探究提供了思考的方向。

（二）发散思维，探究新知

师：你觉得接下来我们需要探究的方向是什么？

生2：当等角是直角的时候，"边边角"成立，那我们可以根据角来进行分类研究，当等角是锐角或钝角的时候。

师：说得很好，那我们就等角是锐角和钝角两种情况分别来研究"边边角"是否成立。

探究一：边边角 + 等角是锐角（边边锐）是否全等

师：如图1，现有△ABC，其中∠A 为锐角。请你用尺子和圆规再画一个△$A'B'C'$，使得 $AB=A'B'$，$BC=B'C'$，∠A=∠A'。你是怎么画的，你们画出来的图形唯一吗？

生3：用尺规作图先作等角∠A'，然后截取 AB 的长度作出 $A'B'$，再以点 B 为圆心、BC 为半径作圆找到交点即点 C。但是在画图的过程中发现交点有两个，所以满足条件的三角形也有两个，如图2。

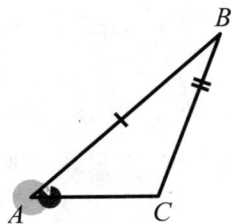

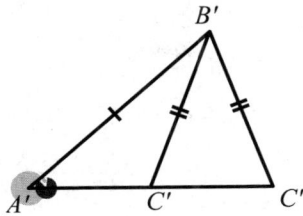

图1　　　　　　　　　　图2

师：说得非常清楚啊。所以当等角是锐角时，三角形唯一吗，此时"边边锐"能得出全等吗？

生（众）：不能。

探究二：边边角 + 等角是钝角（边边钝）→ 是否全等

师：接下来我们用同样的方式来探究"边边钝"如图3（1），（2）。请同学们试试看，可以相互交流。

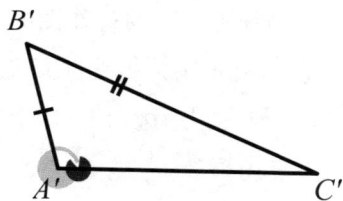

（1）

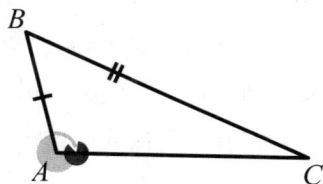

（2）

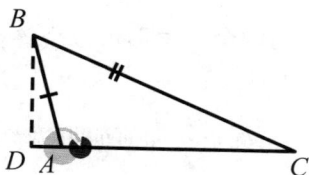

（3）

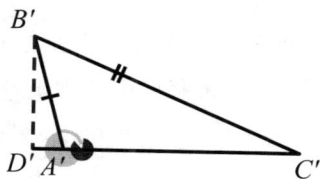

（4）

图3

生4：只能作出一个三角形，所以"边边钝"是可以得到全等的。

师：那能证明吗？说说你们的想法。

生 5：那肯定要作辅助线了，直接是证不了的。

生 6：作垂线就能证全等了。

师（追问）：能具体点吗？

生 6：如图 3（3），（4），过点 B 和点 B' 作对比垂线，先证△ ABD 和△ $A'B'D'$ 全等 (AAS)。

再证△ BCD 和△ $B'C'D'$ 全等 (HL)，可证△ ABC 和△ $A'B'C'$ 全等。

师：所以当我们遇到无法直接证明的全等时，可以考虑割补法。

师：我们对刚刚的探究结果总结一下吧。

两边及其中一边对角是直角对应相等的两个三角形全等——"边边直"

两边及其中一边对角是钝角对应相等的两个三角形全等——"边边钝"

两边及其中一边对角是锐角对应相等的两个三角形不一定全等。

这下我们就明白了为什么"边边角"不一定成立。

点评：当等角是直角情况下，"边边角"是成立的，自然会让学生想到如果是锐角或钝角呢，学生就会顺着这样的思路往下走。通过作图的方式来判断三角形是否全等，既考验了学生的作图能力，又有了直观的认识，让学生容易接受。通过对等角的类型进行分类讨论来研究"边边角"，让学生对三角形的全等判定有了更深的认识。

（三）继续发散，提炼方法

师：前面我们发现满足"边边锐"条件的两个三角形可以全等，也可以不全等，那么接下来我们再分别来看这两类情况：

1. 如图 4（1），（2），"边边锐"在全等的情况下：如何证明两者全等？

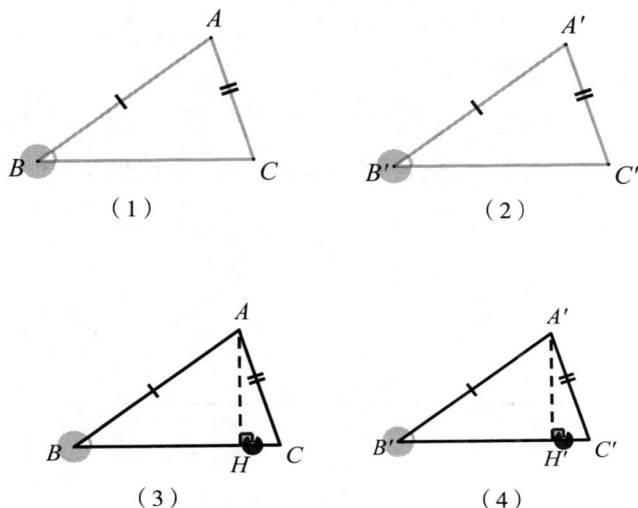

（1）　　　　　　　　　（2）

（3）　　　　　　　　　（4）

图4

生7：可以采用和前面一样的方法，通过作垂线分割，再分步来证全等。如图4（3），（4），过点 A 和 A' 作对边垂线，先证△ ABH 和△ A'B'H' 全等 (AAS)，再证△ ACH 和△ A'C'H' 全等 (HL)，可证△ ABC 和△ A'B'C' 全等

2.“边边锐”在不全等的情况下：

观察下面满足“边边锐”的两个不全等三角形，思考：

如图5（1），（2），在△ ABC 和△ DEF 中 AB = DE，AC = DF，∠ B = ∠ E(锐角)，△ ABC 和△ DEF 不全等。

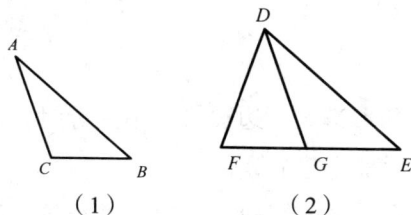

（1）　　　　　　　（2）

图5

（1）对△ DEF 添加怎样的辅助线，使所得的新三角形和△ ABC 全等？

生8：如图5（2），割去多余的部分，作 DG=AC=DF。

师：直观地看，△ *DEF* 比△ *ABC* 多了 _____？

生9：多了一个等腰三角形。

（2）对△ *ABC* 添加怎样的辅助线，使所得的新三角形和△ *DEF* 全等？

生9：如图6（1），补一部分，作 *AH=DF=AC*，也就是补一个等腰三角形。

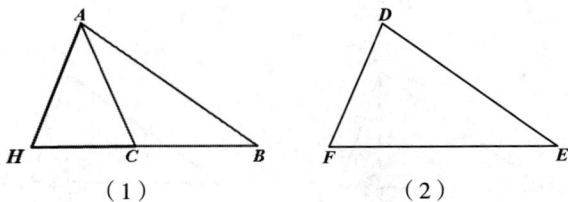

图6

师：也就是说当两个三角形满足"边边锐"不全等时，可以尝试对三角形添加辅助线构造等腰三角形，利用割补思想构造全等。

（3）作 *AM* ⊥ *BC*，*DN* ⊥ *EF*，能在图7（1），（2）中找到全等吗？

生10：能的，△ *ABM* ≌△ *DEN*。

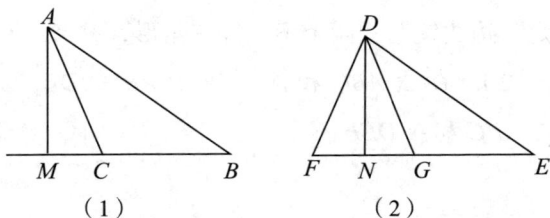

图7

师：所以当两个三角形满足"边边锐"不全等时，也可以尝试对三角形添加垂线形成直角三角形来构造全等。

当我们遇到"边边角"的情况时，有时也能全等，就算不全等也可以通过辅助线来构造全等。

点评：让学生感悟"边边角"在不全等的情况下的转化，用添加辅助线的方法，形成等腰三角形或直角三角形构造全等，及时归纳，形成解题方法，让学生对"边边角"有系统性的认识。

（四）活学活用，巩固知识

如图 8，已知△ABC，∠A = 60°，点 E 在边 AB 上，点 F 在边 AC 的延长线上，满足 BE = CF，连结 EF，交 BC 于点 D，且 DE = DF，求证：△ABC 为正三角形。

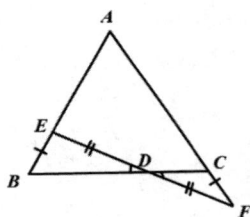 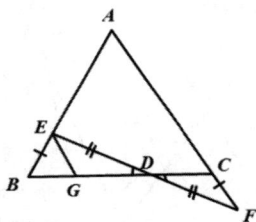 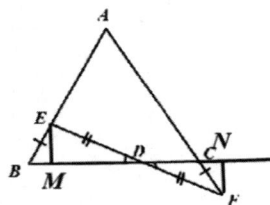

图8　　　　　　　　图9　　　　　　　　图10

师：大家看△BED 和△CDF 有什么关系呢？

生 11：如图 9，△BED 和△CDF 满足"边边锐"的条件但不全等，可以添加辅助线形成等腰三角形来构造全等，从而证明∠B= ∠BCA 说明△ABC 为正三角形。在 BD 边上取点 G，使 EG=BE=CF，∴△BEG 为等腰三角形，∠B= ∠BGE，△EDG ≌△FDC，∴∠EGD= ∠BCF，∴∠BGE= ∠B= ∠BCA。说明△ABC 为等腰三角形。又∵∠A = 60°，△ABC 为正三角形。

生 12：除了用辅助线形成等腰三角形来构造全等，还可以作垂线构造全等的直角三角形，如图 10。

师：非常精彩！利用"边边锐"的处理方法解决问题。所以解题的时候要把条件落在三角形上。现在我们把问题变一变，相信大家也能解决。

变式 1：如图 11，已知在正△ABC 中，点 E 在边 BC 上，AE 绕 E 点顺时针转 60° 得到 EF，且满足 BE = CF，求证：CF 平分∠ACD。

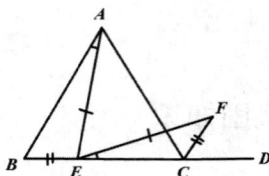

图 11

变式 2：如图 12，已知正△ ABC，点 E 在 CD 射线上，AE 绕 E 点顺时针转 60° 得到 EF，且满足 $BE = CF$，求证：CF 平分∠ACD。

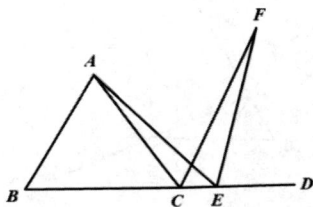

图 12

点评：及时巩固，让学生学会去寻找"边边角"模型，利用之前所讲的处理方法去解决问题，渗透模型思想。

（五）课堂总结，内化分享

同学们，这节课你都学到了什么？你是怎样学到的？你还存在哪些困惑？请把你的感受或者收获与同伴交流。

二、课后思考

数学教学的本质是思维活动的教学，因此，增强学生的数学概括和抽象能力，提升其思维能力是数学教学的重要任务。关于这一点，笔者也有一些想法与诸位分享。

（一）积极创设条件，为思维活动提供机会

学生要有足够的时间和空间才能开展丰富的思维活动，因此，教师要积极创设有利的学习环境，多给学生提供反思交流的机会，多为学生创设探究的空间和材料。本课取材新颖，设计合理，本身就能激发学生的探究欲望。在教学过程中，教师有足够的耐心，比如引导学生确定探究的方向，通过作图自主发现结论，有了结论之后又进行深入的研究等等，都为学生逻辑思维的发展提供了肥沃的土壤。

（二）设计有效问题，引领思维方向

问题是数学的"心脏"，是思维的起点。教师的有效提问，将为学生的思维活动指明方向，帮助学生形成正确的思维方式，获得积极的活动体验。本课中的主要环节都是通过问题来驱动的。分别是引导性问题：指在旧知到新知的过渡，使学生产生必要的学习动机；探究性问题：指向探索"边边角"的成立条件及"边边锐"的解题策略，使学生自主建构学习内容；巩固性问题：相关的问题及变式训练。使学生内化所学知识和方法。

基于"精准问卷"的教学改进

诸暨市明诚初级中学　周洁

在日常教学中，因为教学需要，很多教师会碰到临时代课、中途接班、中途担任班主任或者是接手新的一个年级的情况，这对教师来说，无疑是件令人头疼的事。当教师接手的是一个一年为期的班级，面对一群陌生面孔，如何在更短时间内，高效地摸清学生的认知水平及具体情况，问卷是个好途径。

对于学生而言，新换班级意味着一个全新的开始。有些学生会满怀期待，希望有"新学期，新气象"；有些学生会对新班级产生畏惧心理，迟迟不能融入新班级；还有些学生会直接产生抵触情绪，想要逃离现实，甚至会因此产生心理问题。新班伊始，学生可以借助问卷表达自己无法说出的"心里话"。问卷是教师与学生交流的一种上佳媒介。

一、卷中有天地——讲评调研促成学生课堂参与度的有效提高

试卷讲评课是每门学科教学中的重要组成部分。对学生来说，试卷上的分数反映了这一阶段的学习效果如何，存在哪些薄弱的知识点，相比于自己以前的考试，是进步还是后退。对教师而言，试卷测试结果是对这一阶段的教学工作的数据化呈现，是可以直接归纳总结出学生薄弱知识块的好途径，是可以通过与上次成绩比对，生成学生学习情况动态分析的基本依据。

（一）试卷讲评课面临的现实困境

在现实教学中，很多教师会遇到这样的教学现状：教师对学生所做的题目，从头到尾，无一遗漏地讲一遍，过程详细，分析透彻，极为卖力。一节课下来，像打仗一样，教师讲得口干舌燥。过几天把讲过的题目拿出来考一下，却大失所望，学生照错不误。教师甚至在下一次讲评此类题目时会抱怨，这题目至少讲了三遍，怎么还错？[1]

这样的教学现状的产生，最主要的原因就是教师讲的，学生未必想听，学生想知道的，教师未必讲到。课堂是教师和学生思维碰撞、相互沟通的重要载体。如何提高师生沟通的有效性，问卷便是很好的途径。

（二）基于问卷的试卷讲评课实践

1. 时间选择

试卷讲评课的研究主要在八年级下册期末复习时进行。因为考虑到这届八年级师生从一点不熟悉，到一学年后的基本熟悉，再到他们即将面临着八升九的重新打散分班，试卷讲评课研究在此时进行是最佳时间。

2. 试卷选择

将去年八下期末卷作为本次研究的载体。主要基于期末卷本身质量上佳，且期末复习必做去年期末卷的这两个方面的考虑。

3. 研究流程

先安排时间进行测试，在学生考试结束后立马下发去年八下期末试卷讲评前调查问卷，接着统计好学生的想法后，结合试卷批改的具体情况，于第二天开展试卷分析。最后试卷分析结束后，进行去年八下期末试卷讲评后调查后半部分的问卷的填写。

---

[1]　林瑞菊. 数学讲评课教学之探索 [J]. 考试周刊，2018(42):63，65.

（三）讲评调研对师生产生的积极影响

通过试卷讲评课的前后问卷，教师发现与学生在难题认知上存在差距（表1），以此可改进自己的教学设计。这样既帮助教师提高备课的精准性，也帮助学生积极参与课堂，提高学习的自主性。这样的问卷架起了师与生沟通的桥梁，使教师高效了解学生的求知需求，同时快速获知题目分析的有效性，也使学生体验到课堂中的主人翁意识，学习积极性得以激发。借助问卷的试卷讲评课可以扎实提高学生的课堂参与度，真正做到让每位学生民主参与探究、反思等，促使其形成积极的情感态度，养成良好的创新人格，提高数学素养。[1]

表 1

只标题目序号	选择题		填空题		简答题	
超过 70% 选择	学生眼中	教师眼中	学生眼中	教师眼中	学生眼中	教师眼中
有点难	7，8	8	15，17	16	24	24，25（1）（2）
好点难	9	9	18	17，19，20	25（1）（2）	23，25（3）
很难	10	7，10	19，20	无	23，25（3）	无

二、学中有未来——教学改进促成学生学习自信心的有效增强

教学改进，落点之一就是课堂教学的优化。课堂教学过程的优化是指在全面考虑教材目的、教学规律、原则、教学形式、教学方法、深入钻研教材和考虑学生特点的基础上使教学质量达到有效的理想的成果。教学过程的优化与否，直接关系着教学的效果，决定着教学质量的高低。[2]

为了尽量避免课堂形成优秀学生在"表演"，学困生是看客、陪客的不佳氛围，[3]教师要改进自身教学行为，以激发学生核心素养为目的，优化教

[1] 郭根文. 基于教学生成视角的习题讲评课探究 [J]. 中学数学：高中版，2022(1):3–5.

[2] 吴和贵，朱维宗，陈静安. 新课标下的数学课堂教学过程的优化 [J]. 数学通报，2007, 46(3):16–18.

[2] 张金平. 优化数学课堂 提高教学效益 [J]. 中学课程辅导（高考版）（教师版），2013(5):50.

学设计，落实教学目标，促成学生学习力的提升，并对学习拥有自信。

（一）基于问卷的教学改进实践

1. 指向学生数学认知性的问卷策略

此处的"数学认知性"指的是学生对数学的喜爱度、重视度，对数学题是否有畏难心理。教学改进研究分为两个阶段：八年级新接班（2020年下半年）及九年级新接班（2021年下半年）。

八年级第一学期，在9月1日进行问卷"学生自我展示表"中获知新接班学生对数学的喜爱程度。接下来在问卷"期中前后基本情况了解"中让学生挑出期中卷里的难题，再把难题思考过程中已经想出的步骤写一写，这样的问题设计既让教师能知道学生是否认真答题，也能体现出学生是否看难题的位置做题，因为八年级数学19，20，25，26是填空和大题里最难的，绝大部分学生会看题目位置不做就放弃，借此可以看出他们对数学难题的畏难心理。

新接九年级后，在问卷"九年级月考后的调查"中获知新接班级的学生对"双减"后周日返校的态度、对待考试的态度、对数学的重视度、对数学难题的畏难度。接下来在问卷"期末考试前与期末考试后的状态情况"中让学生对一个学期里在数学上投入的时间和精力打分，再追问期末考前的周末，是否有自主复习数学，及寒假是否有数学上的规划，以此统计得出不同学生对数学的重视度。

2. 指向数学教学精准性的问卷策略

为提高教学的精准性，笔者在一学期中挑选最重要的时间节点进行问卷。月考阶段进行问卷"月考调查"，获知不同层次学生对成绩的态度，并且获知他们提高数学成绩需要教师提供什么样的帮助。期末阶段进行"期末前的问卷调查"，让教师获知学生的知识难点和痛点所在，并且了解到学生对数学取得进步的渴望度，及教师可以在哪些部分进行改进。

九上问卷"课堂教学风格改变后的问卷调查"是在学生学习三角函数一段时间后，透过三角函数应用题中的学生做题情况，笔者发现学生对基本三角函数值的掌握不佳，于是在问卷中增加题目，获知学生对三角函数知识点的实际掌握情况，为接下来的教学改进指明方向。

八年级上学期，笔者通过问卷"期中前后基本情况了解"获知学生对教师的课堂教学建议。

在问卷"期末前的问卷调查"中获知教师的教学改进在学生心里的认同度。问卷的第 5 题和第 6 题，分别指向期中后的教学改进和期末阶段特有的教学改进，但似乎成效并不乐观。以第五题为例（图 1）。

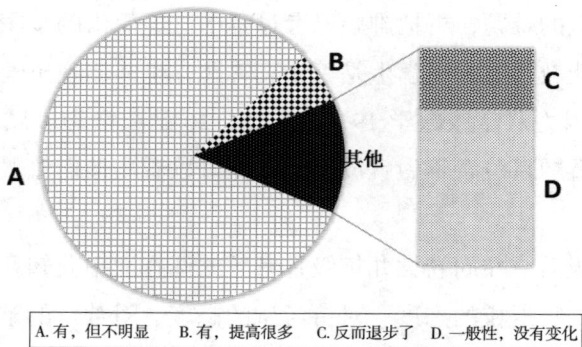

A. 有，但不明显　　B. 有，提高很多　　C. 反而退步了　　D. 一般性，没有变化

图 1

九上新接班级，考虑到八上接手全新的八年级时，教学改进成效欠佳，所以在这次新接九年级（八升九打散重分）时，笔者思考后得出结论：多征求学生的想法，要从学生角度出发去教学改进，不能只凭借自己的教学经验。

于是笔者先在 9 月问卷"九年级月考后的调查"中的第八题询问学生怎样合理安排课堂 45 分钟。在问卷中多名学生提到上课太慢的问题，我经过和同学的个别交流，采用加快新课授课过程，外加作业分析，再讲一些易错题，至于难度上，要结合学生的反馈后再酌情决定。

在 12 月的问卷"课堂教学风格改变后的问卷调查"中进行了反馈性调

查，得到了很大一部分同学的支持（图2）。

举例："课堂教学风格改变后的问卷调查"问卷第四题。

4.上新课时，这样的上课节奏，你的感受是（图2）？

A 很好能跟上，不容易走神；B 有点快，适应后，也能跟上；C 有点慢；D 太快了，听不懂。

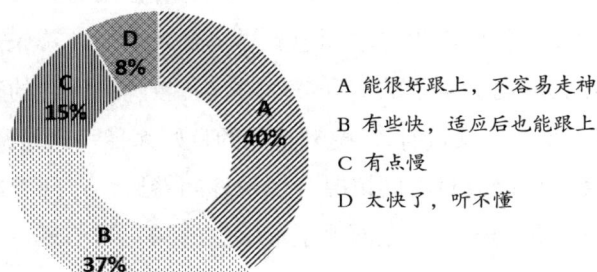

A 能很好跟上，不容易走神
B 有些快，适应后也能跟上
C 有点慢
D 太快了，听不懂

图 2

（二）教学改进对师生产生的积极影响

1.促成了学生核心素养的萌发和学习自信心的增强

教学改进的成效最终通过学生来体现。通过不同问卷中题目的设置，能让学生对自己的学习情况及时总结，反思自己平时的学习情况，能促成学生核心素养——学会学习（勤于反思）的萌发。学生对学习若是充满自信，他们便会花更多的时间和精力去提升自己的成绩，觉得"未来可期"。以下是两个阶段学生成绩变化情况（表2）：

表 2

	八年级第一学期（满分100分）		九年级第一学期（满分150分）	
	月考	期末	月考	期中
高分	90以上 0人	90以上 3人	130以上 0人	130以上 1人（同类班最高分）
平均分	同类班第五	同类班第二	同类班第四	同类班第二

2. 促成了教师教学风格的转变与教育理念的深化

教学风格的改变首先是对教学主体的认识更深刻。新接班后，教师需要根据学情来调整自己的教学设计。基于问卷的教学设计，使得教师教学理念进一步深化，首先外在表现在提问语言上多口语化及学生化，从"我觉得"变成了"你觉得"。

"00 后"们刚开始认识世界，就已经迈入了信息化的时代，他们对事物的认知已经远远超过往届学生，教师想要尽快融入他们，首先需要跨越的是时代的鸿沟。在大数据背景下的信息爆炸时代，教师将问卷的发布和统计借助网络平台实现，是教师紧跟时代、提升自我的良好途径。问卷调查有针对性、计划性和适切性，可以应对不同情况合理设计问卷属性，问卷能将教师与学生进行有效串联，帮助教师更全面地了解学生的知、情、意、行，进而提高教学精准性。